Bibliografische Information der Deutschen Nationalbibliothek: Die Deutsche Nationalbibliothek verzeichnet diese Publikation in der Deutschen Nationalbibliografie; detaillierte bibliografische Daten sind im Internet über dnb.dnb.de abrufbar.

Hypnose für ein besseres Leben

1. Auflage April 2019

Herstellung und Verlag:
BoD – Books on Demand, Norderstedt
ISBN: 9783732289929

Hypnose für ein besseres Leben
© M.C. John

Rechtliche Hinweise

Die Informationen in diesem Werk spiegeln die Sicht des
Autors aufgrund eigener Erfahrungen zum Zeitpunkt der
Veröffentlichung dar.
Sämtliche Angaben und Anschriften wurden sorgfältig
und nach bestem Wissen und Gewissen ermittelt.

Trotzdem kann von Autor und Verlag keine Haftung übernommen werden,

SPRACHREGELUNG:
Zur Vereinfachung beim Schreiben und Lesen wird immer die männliche Form verwendet: der Patient,der Therapeut usw. Dieser Artikel dient als allgemeiner Gattungsbegriff und schließt weibliche Personen automatisch mit ein.

Sofern wir auf externe Webseiten fremder Dritter verlinken, machen wir uns deren Inhalte nicht zu eigen und haften somit auch nicht für die sich naturgemäß im Internet ständig ändernden Inhalte von Webseiten fremder Anbieter. Das gilt insbesondere auch für Links auf Softwareprogramme, deren Virenfreiheit wir trotz Überprüfung durch uns vor Aufnahme aufgrund von Updates etc. nicht garantieren können.

Autor und Verlag sind nicht haftbar für Verluste, die durch den Gebrauch dieser Informationen entstehen sollten. Die in diesem Werk erwähnten Anbieter und Quellen wurden zum Zeitpunkt der Niederschrift als zuverlässig eingestuft. Autor und Verleger sind für deren Aktivitäten nicht verantwortlich.

INHALTSVERZEICHNIS

- 7. Ist Hypnose nur ein New Age Unsinn?

- 8. Wie viele Probleme kann ich gleichzeitig mit Hypnose heilen?

- 9. Muss ich einen Hypnotherapeuten mehr als einmal?

- 10. Ist Hypnose sicher?

- Arten der Hypnose

- Traditionelle Hypnose

- Ericksonian Hypnose

- Neurolinguistische Programmierung (NLP)

- Hypnose-Behandlung bei körperlichen Beschwerden

- Hypnose und Schmerzbehandlung

- Hypnodermatologie

- Hypnose und Schlafstörungen

- Hypnose und Psychotherapie

- Psychologische Beschwerden, die mit Hypnose behandelt werden

- Hypnose, um mit dem Rauchen aufzuhören

EINFÜHRUNG

Leiden Sie unter chronischen Schmerzen? Haben Sie Fibromyalgie, Chronisches Müdigkeitssyndrom oder eine andere Krankheit, die Sie ständig Schmerzen haben lässt? Gehören Sie zu den Millionen Menschen, die erfolglos versucht haben, Gewicht abzunehmen? Ist einer Ihrer Neujahrsvorsätze, mit dem Rauchen aufzuhören?

Es gibt eine Behandlung, die bei all diesen und weiteren Problemen helfen kann:

Hypnose. Die Schulmedizin hat Hypnose als Salontrick verspottet, mit dem Zauberer Kinder auf Geburtstagspartys oder Erwachsene in Nachtclubs amüsieren, indem sie andere Leute dumme Dinge sagen und lustige Sachen machen lassen. Ja, Hypnose vermag das zu tun, aber sie kann auch Ihren Gesundheitszustand deutlich verbessern.

Auch wenn Hypnose keine sehr allgemein gebräuchliche Behandlungsform im Westen ist, so wird sie doch in verschiedenen Formen im Osten und in der Medizin von Eingeborenen seit Jahrhunderten angewendet. Nachdem der Westen viele alte Heilungsmethoden entdeckt hat wie z.B. Homöopathie und Kräutermedizin, entdecken nun auch westliche Ärzte und alternative Heilberufe wieder die Vorteile der Hypnose, um Patienten zu behandeln, die nicht gut oder überhaupt nicht auf traditionelle westliche Medizin ansprechen. Studien haben ergeben, dass Hypnose einen positiven Effekt auf viele Krankheitsbilder haben kann, einschließlich solcher mit chronischen Schmerzen und chronischer Müdigkeit.

Psychologen nutzen Hypnose schon seit langem zur Beurteilung und Behandlung von Patienten. Manche Psychologen glauben, dass Hypnose eine Form der Dissoziation ist, aber das ist ein Thema einer großen Debatte innerhalb der Psychologie. Beispiele belegen, dass Hypnose eine große Hilfe sein kann bei der Behandlung des psychologischen Aspekts eines physiologischen Problems wie Sucht oder eines emotionalen Aspekts von Krankheiten wie z.B. Fibromyalgie.

Denn viele Krankheiten haben sowohl eine physische wie auch eine psychische Komponente, weshalb entsprechende Patienten in beiderlei Hinsicht behandelt werden müssen. Hypnose ist normalerweise eine sichere und effektive Methode, beide Seiten des Problems gleichzeitig zu behandeln. Auch wenn Medizin und Psychologie noch geteilter Meinung sind bezüglich der

Wirksamkeit, gibt es doch Millionen Menschen, denen die Hypnose geholfen hat.

WAS IST HYPNOSE?

Vereinfacht ausgedrückt kann Hypnose als veränderter Bewusstseinszustand ausgedrückt werden. Die meisten Menschen denken, dass sie ein Trance-ähnlicher Zustand ist. Wenn Sie in Hypnose sind, befinden Sie sich tatsächlich in einem super-entspannten Geisteszustand, wo Ihr Bewusstsein so entspannt ist, dass Sie überhaupt nicht mehr an normale Alltagsdinge denken.

Der Hypnosezustand erlaubt Ihnen, mit Ihrem Unterbewusstsein in Verbindung zu treten und zieht Erinnerungen, Erlebnisse und andere Dinge hoch, die in Ihrem Leben oder in Ihrer Entwicklung eine wichtige Rolle gespielt haben.

Normalerweise wird die Hypnose durch einen erfahrenen Therapeuten oder Mediziner herbeigeführt, aber es gibt Kurse, wo Sie lernen, wie Sie sich selbst hypnotisieren. Falls Sie Hypnose zum Zwecke einer medizinischen Behandlung versuchen wollen, müssen Sie sich an einen Profi wenden, der die Behandlung startet. Wenn Sie bei Ihnen anschlägt, können Sie lernen, sich selbst zu hypnotisieren, so dass Sie die Behandlung selber fortsetzen können, wann immer Ihr Zustand es erfordert. Während Sie in Hypnose sind, kreiert der Therapeut eine so genannte hypnotische Suggestion. Sie sagt Ihrem Unterbewusstsein, was geändert werden muss.

Wenn Sie z.B. hypnotisiert werden, um Ihre Alkoholsucht zu behandeln, sagt die hypnotische Suggestion Ihrem Gehirn, dass Sie keinen Alkohol mehr brauchen, um zu funktionieren. Wenn dies kombiniert wird mit der Behandlung der physischen Entzugssymptome, unter denen man leidet, wenn man mit dem Trinken aufhört, sollte Sie das von der Alkoholabhängigkeit gänzlich befreien.

Nach der Entgiftung und durch die hypnotische Suggestion wird Ihr Körper nicht länger mehr das Bedürfnis nach Alkohol haben. Ärzte wissen noch nicht genau, wie das Gehirn einen hypnotischen Zustand herstellt; sie wissen nur, dass eine hypnotische Trance existiert und dass sie bei den meisten Menschen herbeigeführt werden kann. Hypnotische Suggestionen sind keine schnelle Lösung für medizinische Probleme und oftmals erfordert es mehrere Sitzungen, um volle Wirksamkeit zu entfalten. Aber es gibt eine wachsende

Anzahl von Beispielen, dass der Einsatz von Hypnose bei der Behandlung vor allem von Problemen mit psychologischer Komponente eine sehr effektive Methode sein kann, Menschen dabei zu helfen, dauerhafte Veränderungen in ihrem Leben zu bewirken, die Wohlbefinden und Gesundheit verbessern.

Beschwerden, die auf andere Behandlungen nicht anzusprechen, tun dies in der Regel recht gut auf eine solche unter Hypnose.

Wenn Sie die Schulmedizin nicht sehr befürworten oder wenn Sie einen mehr ganzheitlichen Ansatz für Ihre Gesundheit bevorzugen, können Sie versuchen, mit Hilfe der Hypnose alles zu behandeln, Asthma, Schmerzen, usw. Bei Menschen, die sehr gut auf Hypnose ansprechen, kann sie manchmal sogar eine Narkose ersetzen. Es ist keine übliche Praxis, jemanden vor einer Operation zu hypnotisieren, aber für Patienten, die negative Reaktionen auf Narkosemittel zeigen, kann es eine Option sein.

KANN JEDER HYPNOTISIERT WERDEN?

Das ist eine der am häufigsten gestellten Fragen! Manche sind überzeugt, dass Sie nicht hypnotisiert werden können, und glauben, dass Hypnose bei ihnen nichts ausrichtet. Also, was ist die richtige Antwort? Ist es für manche Menschen unmöglich, hypnotisiert zu werden, wie sie behaupten? Die Antwort ist ja und nein. Jeder kann theoretisch hypnotisiert werden, es gibt keinen physischen Grund, warum jemand nicht in Trance versetzt werden kann. Aber es mag psychologische Gründe geben, warum jemand resistent gegen Hypnose ist, wodurch es dieser Person sehr schwer fällt, sich vollkommen zu entspannen, um eine Hypnose zu erreichen.

Menschen, die sicher sind, nicht hypnotisiert werden zu können, haben meist ein tief sitzendes Kontrollbedürfnis und glauben, dass, wenn sie es zulassen, hypnotisiert zu werden, die Kontrolle über sich aufgeben. Daher erlauben sie sich selber niemals, sich so weit zu entspannen, wie es für eine Hypnose erforderlich ist. Aber man gibt während einer Hypnose niemals die Kontrolle über seinen Körper und seinen Geist auf und man ist niemals bewusstlos. Das Bewusstsein ist nur total entspannt und lässt das Unterbewusstsein in den Vordergrund treten.

Menschen, die also glauben, nicht hypnotisiert werden zu können, können sehr wohl hypnotisiert werden, allerdings erst, wenn sie Ihre Ansicht aufgeben, dass Hypnose Verlust der Selbstkontrolle bedeutet.

Ein weiterer Grund, warum manche Leute Probleme haben, in einen hypnotischen Zustand zu gelangen, ist der Therapeut, mit dem sie zusammenarbeiten. Um ganz tief zu entspannen zu können, ist es entscheidend, dass man dem Hypnotiseur bedingungslos vertraut. Wenn es hier irgendwelches Unbehagen oder Misstrauen gibt, wird der Patient nicht zu hypnotisieren sein und die Behandlung schlägt fehl.

Mediziner, Psychotherapeuten ebenso wie alternative Heilkundige stimmen darin überein, dass jedermann hypnotisiert werden kann, aber nicht jeder hypnotisiert werden will. Das Wollen und die positive Einstellung gegenüber der Hypnose sind sehr wichtig. Auch ist es wichtig, dass der Patient volles Vertrauen zum Hypnotiseur hat. Wenn Sie also bei einem Psychologen oder einem anderen Hypnotiseur Hilfe suchen, mit dem Rauchen aufzuhören, Sie sich aber irgendwie unwohl fühlen, dann wird es nicht funktionieren. Dieser Therapeut wird Sie nicht hypnotisieren können.

Deshalb ist das Finden eines Hypnotiseurs, mit dem Sie rundum zufrieden sind und dem Sie vorbehaltlos vertrauen, extrem wichtig. Später werden wir sehen, wie Sie wissen, welcher Hypnotherapeut richtig für Sie ist und was Sie ihn fragen sollten, bevor Sie die Behandlung starten, um sicher zu gehen, dass er gut ausgebildet und erfahren ist.

SHOWHYPNOSE

Die meisten Menschen denken bei Hypnose an Hypnose-Darbietungen auf der Bühne. Bühnenhypnose erinnert an eine Zaubershow, wo der Hypnotiseur eine Person aus dem Publikum auswählt, um sie zu hypnotisieren. Sobald er einen Freiwilligen hat, beginnt er auf der Bühne vor den Augen des Publikums mit der Hypnose. In diesem Zustand lässt er die Person lustige oder dumme Sachen machen wie beispielsweise wie ein Huhn zu gackern oder wie ein Hund zu bellen, sobald jemand ein bestimmtes Wort sagt. Er lässt sie noch in anderer unangebrachter Weise handeln, schnipst dann mit

den Fingern oder zählt bis drei und die Versuchsperson kommt wieder aus der Hypnose zurück, ohne irgendeine Erinnerung daran zu haben, was sie gerade getan hat.

Eventuell setzt er zuvor noch ein paar "posthypnotische Suggestionen", wodurch die Person auch dann noch bestimmte Dinge tut, wenn sie nicht mehr hypnotisiert ist.

Aber Showhypnose ist genau das – inszeniert. Sie verwendet eine Reihe verschiedener Faktoren und Strategien, um es so aussehen zu lassen, als ob die betreffende Person hypnotisiert wurde, doch in Wirklichkeit wurde sie es ganz und gar nicht und alles ist nur eine Illusion. Genau wie Zauberer verwenden Show-Hypnotiseure eine Menge subtiler Manipulationstechniken, Fingerfertigkeit, Tricks und Glück, um die Idee zu verkaufen, dass da eine Person wirklich in Hypnose versetzt wurde.

Bei Show-Hypnose kommt eine Vielzahl von psychologischen Faktoren ins Spiel. Wenn Menschen z.B. in einer Gruppe sind, macht sie das eher konform und fügsam; sie suchen unbewusst die Zustimmung der Gruppe. Menschen mit einer bestimmten Persönlichkeit stehen gerne im Rampenlicht, was es wahrscheinlicher macht, dass sie sich freiwillig hypnotisieren lassen. Sobald sie ausgewählt und auf der Bühne sind, werden Sie sehr anfällig für die Tricks des Hypnotiseurs aus dem Wunsch heraus, ihm und der Gruppe zu gefallen und die Aufmerksamkeit des Publikums zu gewinnen.

Showhypnotisieure suchen sich Ihr Publikum genau aus. Haben Sie sich nicht auch schon gewundert, was einen Hypnotiseur die Menschen wählen lässt, die er auf die Bühne holt, wenn die Show auf die Teilnahme des Publikums zusteuert? Diese Auswahl sieht wie zufällig aus, tatsächlich ist sie alles andere als das. Diese Künstler sind gut trainiert, Menschen zu „lesen" und sie suchen sich eine spezielle Sorte aus.

Die wahre Kunst des Hypnotiseur wie des Zauberers sind nicht die Tricks, die das Publikum sieht, sondern diejenigen, die sie nicht sieht. Sie nutzen drei Strategien, wenn sie die Show planen, Zuschauer auswählen und die Show durchführen, um sicherzustellen, dass alles klappt und das Publikum überzeugt ist, dass ihre Tricks und Hypnose echt sind.

WIE SHOW-HYPNOTISEURE IHRE ZUSCHAUER TÄUSCHEN

Im Grunde gibt es drei unterschiedliche Strategien, wie Show-Hypnotiseure regelmäßig ihre Zuschauer narren.

Ohne diese und ohne ein sehr tiefes Verständnis der menschlichen Psychologie, einer angeborenen und gut entwickelten Fähigkeit, Körpersprache zu lesen, wären sie niemals in der Lage, die Menschen zu überzeugen, dass alles mit rechten Dinge zugeht. Diese drei Grundstrategien für eine erfolgreiche Show sind:

1. Sie rechnen damit, dass das Publikum in bestimmter Weise reagiert– Es ist grundlegende Psychologie, dass Menschen auf der Bühne die Aufmerksamkeit des übrigen Publikums erhalten wollen und deshalb „mitspielen". Also verwendet der Hypnotiseur bestimmte Suggestionen, denn er weiß, dass der Teilnehmer in einer Weise handelt, wie er es sonst nicht tun würde, nur um Zuspruch zu bekommen und unterhalten zu können. Diese Aktionen verkauft der Hypnotiseur dann als das Ergebnis seiner Hypnose.

2. Freiwillige testen – Um sicher zu gehen, dass die ausgewählte Person die kooperativste der Gruppe ist, wirklich im Zentrum des Interesses stehen will und in der gewünschten Weise reagiert, stellt der Hypnotiseur dem Publikum ein paar einfache Aufgaben. Indem er die Zuschauer etwa auffordert, zu klatschen oder zu pfeifen, kann er diejenigen erkennen, die am wahrscheinlichsten

in gewünschter Weise reagieren. Durch die Frage, wer bereit ist, auf die Bühne zu kommen, sortiert der Hypnotiseur schon einmal vor, wer wirklich im Zentrum der Aufmerksamkeit stehen will. Davon ausgehend grenzt er die Gruppe durch weitere Fragen und Handlungsaufforderungen weiter ein. Am Ende hat er einen oder mehrere Personen auf der Bühne, die im Zentrum der Aufmerksamkeit stehen wollen, die höchst empfänglich für die Kraft von Suggestionen sind und die direkte Befehle gut annehmen. Wenn er diese Leute zusammen hat, ist es für einen Show-Hypnotiseur nicht schwer, die letzte Methode der Täuschung, nämlich Taschenspielertricks anzuwenden, um das Publikum zu überzeugen, dass die Show wirklich ist.

3. Taschenspielertricks – Das ist der Teil, der für die Zuschauer alles echt aussehen lässt. Durch die Verwendung von subtilen Manipulationen, Requisiten, die Macht der Suggestion und eine Menge schnellen Denkens erzeugt der Hypnotiseur die Illusion, dass die Leute auf der Bühne hypnotisiert sind und dass ihre Aktionen vom Hypnotiseur diktiert werden. Zudem haben Showhypnotisieure eine Menge Tricks auf Lager, mit denen Sie die Personen auf der Bühne agieren lassen, als wären Sie wirklich hypnotisiert worden und unter der

Kontrolle des Hypnotiseurs. Die Show steht und fällt mit der Art und Weise, wie die Testpersonen reagieren. Wie stellt der Hypnotiseur also sicher, dass seine Kandidaten eine gute Show abliefern?

DIE TRICKS, DIE SHOW HYPNOTISEURE BENUTZEN

Sobald der Hypnotiseur aus dem Publikum diejenigen aussortiert hat, die am besten geeignet scheinen, benutzt er weitere Tricks, damit die Dinge wie gewünscht ablaufen. Da alles auf der Bühne im Wesentlichen improvisiert ist, ist dies der kritische Teil der Show. Wenn die Dinge aus dem Ruder laufen, ist die ganze Show ruiniert. Um sicherzustellen, dass alles wie gewünscht abläuft und damit die Menschen auf der Bühne mitspielen, tut der Hypnotiseur folgendes:

Gespräche ohne Mikrofon – Das Publikum im Saal kann die Gespräche zwischen dem Hypnotiseur und den Freiwilligen nicht verstehen, wenn das Mikrofon ausgeschaltet oder beiseite gelegt ist. Formulierungen – Mit geschickten Formulierungen kann der Hypnotiseur den Kandidaten sagen, was sie tun sollen, ohne es direkt auszusprechen. Eine indirekte Phrase wie z.B. "Sie können nicht laufen, weil Ihre Füße sich in 20 Tonnen schwere Gewichte verwandelt haben" enthält die indirekte Mitteilung, dass die Person nicht versuchen soll zu gehen und so zu tun, als ob ihre Füße plötzlich extrem schwer geworden sind. Durch die Verwendung indirekter Formulierungen und dadurch dass die Personen nicht aufgefordert werden, das Gegenteil des Gesagten zu tun, also zu gehen, erzeugt der Hypnotiseur die gewünschte Illusion. Die Verwendung solch geschickter Formulierungen ist täuschend einfach und funktioniert jedes Mal. Die Aussage "wenn Sie die Glocke läuten hören, bellen Sie wie ein Hund" macht der „hypnotisierten" Person deutlich, was von ihr erwartet wird. Wenn die Glocke ertönt, bellt er wirklich und die Zuschauer staunen über die Macht des Hypnotiseurs.

Professionelle Illusionstricks – Illusionisten können tolle Dinge machen, die nach Magie oder Mystik aussehen, aber in Wirklichkeit nichts als Tricks und elementare Physik sind. Manche Zaubertricks sehen viel beeindruckender aus als sie es sind und können sogar recht leicht ausgeführt werden, vor allem wenn sie unter voller Mitwirkung von jemand aus dem Publikum vorgeführt werden.

Diese Tricks verwenden auch professionelle Hypnotiseure, um sehr denkwürdige Shows aufzuführen.

SHOW - HYPNOSE GEGEN GESUNDHEITSHYPNOSE

Wegen der Trickserei der Show-Hypnose brauchte die Idee, Hypnose auch als ein legitimes therapeutisches Mittel zu nutzen, sehr lange, um sich im Westen durchzusetzen. Die Leute waren unwillkürlich davon ausgegangen, dass diese Hypnose genau so ein Fake war wie diejenige auf der Bühne. Aber als das Wissen über Psychologie wuchs und Wissenschaftler, Ärzte und Verhaltensforscher mehr und mehr verstanden, dass die Verbindung zwischen Geist und Körper einen Einfluss auf die Gesundheit hat, begann die Idee, dass es tatsächlich einen hypnotischen Zustand gibt, die Welt der Medizin zu faszinieren.

Frühe Untersuchungen erbrachten gemischte Ergebnisse, wahrscheinlich weil die Forscher nicht vollkommen im Gebrauch der Hypnose ausgebildet waren, um Patienten in einen vollkommen entspannten Zustand zu befördern. Als sie es aber konnten, waren sie von den Resultaten begeistert, die durch totale Entspannung und hypnotische

Suggestionen möglich waren. Auch nachdem Hypnose von der Medizin anerkannt wurde, brauchte die Öffentlichkeit im Großen und Ganzen länger überzeugt zu sein. Noch heute gibt es Ansichten, dass Showhypnose wirkliche Hypnose ist und dass man seinen freien Willen aufgibt, wenn man sich bei einem Hypnotherapeuten in Behandlung gibt. Viele Menschen betrachten Hypnose als New Age Quatsch, die keinerlei medizinischen Wert hat, aber nichts könnte weiter von der Wahrheit entfernt sein.

In der heutigen schnelllebigen, Stressreichen Welt ist die Anwendung von Hypnose und tiefer Entspannung die ideale Behandlung für viele Krankheiten, die durch den modernen Lebensstil verursacht werden.

Die Medizin und Psychologie erforschen weiter die Hypnose und finden neue Methoden, sie therapeutisch einzusetzen. Sie wird bereits angewendet, um viele

weit verbreitete körperliche und psychologische Beschwerden zu behandeln. Hypnose wird in manchen Ländern auch von Strafverfolgungsbehörden genutzt, um das Erinnerungsvermögen von Zeugen von Verbrechen zu verbessern, und sie hilft Menschen mit traumatischen Erlebnissen.

Sport ist das neueste Gebiet, das Hypnose als therapeutisches Werkzeug nutzt. Sportmediziner glauben, dass Tiefenentspannungstechniken dem Athleten helfen können, sich besser zu konzentrieren und als Hilfe bei Schmerz, Angst und anderen Problemen. Hypnose verbessert die Leistung und Konzentration und formt bessere und erfolgreichere Sportler.

Wenn Sie also noch nicht ernsthaft in Betracht gezogen haben, Hypnose für medizinische Zwecke oder zur Verbesserung Ihres allgemeinen Gesundheitszustandes zu nutzen, ist es dann nicht an der Zeit, sie mit anderen Augen zu betrachten? Sie hat erheblich mehr Vorteile für Ihre Gesundheit, als Sie ahnen. Lassen Sie uns einige näher.

DIE TOP TEN VORTEILE DER HYPNOSE

Also, wie kann Hypnose tatsächlich helfen? Welche Vorteile kann man durch die Anwendung von Hypnose erwarten? Das sind die Fragen, die sich die meisten Menschen fragen, wenn sie in Betracht ziehen, einen Hypnotherapeuten aufzusuchen. Weil Hypnose im Westen als unkonventionelle Behandlungsmethode gesehen wird, haben manche Menschen ein wenig Vorbehalte. Aber wenn Sie die Vorzüge der Hypnose bedenken, werden Sie erkennen, was sie wert ist:

1. Hypnose kann Süchte behandeln– Essen, Alkohol, Drogen, Rauchen, es spielt keine Rolle, nach was Sie süchtig sind, Hypnose kann helfen, das Problem los zu werden. Es ist bewiesen, dass die Hypnose, wenn sie mit medizinischer Behandlung kombiniert wird, Süchte dauerhaft brechen kann und man nicht mehr nach kurzer Zeit rückfällig wird.

2. Hypnose kann helfen, dauerhaft Gewicht zu reduzieren – Klingt zu schön, um wahr zu sein? Keineswegs. Es wurde nachgewiesen, dass Abnehmen mit Hypnose 30% effektiver ist, als nur durch Diät allein. Hypnose hilft Menschen, die aus psychologischen Gründen zu viel essen und Übergewicht haben, so dass sie wieder dauerhaft Gewicht reduzieren können.

3. Hypnose kann bei chronischen Schmerzen helfen – Wenn Sie eine Krankheit haben, die Ihnen häufig Schmerzen verursacht wie Fibromyalgie (Faser-Muskel-Schmerz) oder Arthritis, dann haben Sie sicher auch das Gefühl, dass nichts die Schmerzen stoppen kann. Wenn Medikamente und Ernährung die Schmerzen nicht stoppen können, Hypnose kann es. In vielen verschiedenen wissenschaftlichen Studien hat sich Hypnose als eine wirksame Schmerzbehandlungstechnik erwiesen. Wenn also nichts anderes mehr hilft oder wenn Sie keine schmerzstillenden Mittel verschrieben bekommen wollen, dann sollten Sie Hypnose versuchen.

4. Hypnose kann Stress reduzieren – Stress ist mehr als nur Verdruss. Stress kann ernsthafte Erkrankungen verursachen wie Herz- und Kreislauf-Krankheiten, hoher Blutdruck, Übergewicht, Diabetes und Schlafstörungen. Wenn Sie viel Stress in Ihrem Leben und nicht das Gefühl haben, es mit Ernährung und Übungen unter Kontrolle zu bringen, dann sollten Sie an Hypnose denken. Da Hypnose Sie in einen tiefen Zustand der Entspannung versetzt, gibt sie Ihrem Körper und Geist die dringend benötigte Ruhe.

5. Hypnose ist bei Vergangenheitsbewältigung hilfreich – Probleme in der Kindheit – jeder hatte sie. Von ernstem Missbrauch oder anderen Problemen zuhause bis Mangel an Selbstachtung oder Erfolgsdruck unter allen Umständen, die Probleme, die Sie als Kind erfuhren, können Sie heute noch belasten und lässt Sie falsche Entscheidungen treffen oder nicht sehr auf sich selbst acht geben. Hypnose ist eine großartige Methode, kindheitsbedingte Probleme zu bearbeiten und jene negativen Konditionierungen durch positive zu ersetzen.

6. Hypnose kann Schlafstörungen heilen – Millionen Menschen leiden unter Störungen wie Schlaflosigkeit, Alpträumen, Schlafwandeln, oberflächlicher Schlaf usw. Schlafstörungen können eine Reihe von weiteren Problemen verursachen wie Fettleibigkeit und Süchte bzw. Abhängigkeit von Schlafmitteln, aber auch die Abhängigkeit von Aufputschmitteln wie Koffein und anderen, um den Körper auf Touren zu halten, obwohl er erschöpft ist. Schlafstörungen sind bekanntermaßen schwer zu behandeln. Viele gehen einher mit psychischen und physischen Beschwerden, die es notwendig machen, sich in psychologische und medizinische Behandlung zu begeben. Hypnose hilft, die psychologischen Probleme aufzulösen, während der Körper gleichzeitig die Tiefenentspannung bekommt, die Geist und Körper regenerieren.

7. Hypnose kann tiefe Entspannung fördern – Wenn Sie jemals Meditation probiert haben, dann wissen Sie bereits von den großartigen Auswirkungen, die Entspannung für Körper und Geist hat. Sie können kreativer werden, besser Probleme löschen, weniger gereizt sein und Sie können Gesundheitsrisiken wie Bluthochdruck oder Herzkrankheiten reduzieren. Aber wenn Sie Schwierigkeiten haben zu entspannen oder wenn Sie nie tief genug entspannen können, um sich wirklich erfrischt zu fühlen, dann sollten Sie es mit Hypnose versuchen.

8. Hypnose kann helfen, Ihr Verhalten zu ändern – Sind Sie ein Mensch, der andere immer anschnauzt? Werden Sie oft nervös und verärgert? Haben Sie Probleme, Ihren Ärger zu beherrschen? Hypnose kann dazu beitragen, Ihre Verhaltensmuster zu verändern, so dass Sie gesünder und glücklicher werden. Verhaltensmuster hat man sich häufig in der Kindheit angeeignet, aber eine hypnotische

Suggestion, die Ihnen in tiefster Entspannung eingepflanzt wird, kann helfen, schlechte Angewohnheiten loszuwerden. Die Suggestion sagt, wie man sich in bestimmten Situationen verhalten und auf eine neue, angemessenere Weise reagieren soll. Wenn Sie versuchen, die Auswirkungen einer gestörten Familie zu überwinden, kann Hypnose jene traumatischen Erlebnisse und Verhaltensmuster therapieren.

9. Hypnose kann helfen, Erinnerungen hervorzurufen – Sämtliche Erlebnisse, die Sie in Ihrem Leben hatten, sind irgendwo in Ihrem Gehirn gespeichert. Wenn Sie die Verbindung verloren haben mit den Teilen Ihres Gehirn, die diese Erinnerungen speichert, so dass Sie sie vergessen haben, kann Hypnose helfen, sie wieder frei zu legen, indem Sie zurückgehen (z.B. in die Kindheit) und sich an diese Dinge zu erinnern, um zu wissen, warum Sie Dinge so tun, wie Sie sie heute tun. Normalerweise wird dies angewendet bei Menschen, die als Kinder missbraucht wurden, aber auch um glückliche Erinnerungen hervorzurufen, die z.B. aufgrund eines Unfalles vergessen wurden.

10. Hypnose kann gegen Angst und Depressionen helfen – Viele Menschen zögern, Medikamente zur Behandlung von Angstzuständen oder Depressionen einzunehmen, weil Sie befürchten, davon abhängig zu werden. Andere wieder können nicht das Medikament finden, das ihnen hilft. Hypnose ist eine drogenfreie und sehr effektive Möglichkeit, Ängste zu beruhigen und die Symptome einer Depression zu behandeln. Durch hypnotische Depressionen werden die Auslöser von Angst und Depressionen eliminiert. Manchmal kann eine 100%ige Erfolgsquote erzielt werden.

DIE 10 MEIST GESTELLTEN FRAGEN ÜBER HYPNOSE

Da Hypnose im Westen nicht allzu sehr bekannt ist und da sie keine häufig genutzte Therapieform ist, auch wenn sich das allmählich ändert, haben Menschen eine Menge Fragen. Hier sind die gemäß Ärzten und alternativen Therapeuten am häufigsten gestellten Fragen:

1. Habe ich noch über mich selbst Kontrolle?

Davor haben die Menschen am meisten Angst. Sie sind besorgt, dass sie im Zustand der Trance nicht länger Kontrolle über sich haben, sondern dass sie von der Person, die sie hypnotisiert, kontrolliert werden. Seien Sie aber versichert, dass Sie weiterhin volle Kontrolle über sich haben, wenn Sie hypnotisiert werden. Sie sind weiterhin bei Bewusstsein, Ihr Bewusstsein ist lediglich extrem entspannt. Niemand kann die Kontrolle über Sie übernehmen und Sie dumme Sachen machen lassen, während Sie in Hypnose sind, es sei denn, sie erlauben das.

2. Gebe ich meinen freien Willen auf, falls ich hypnotisiert werde?

Absolut nicht. Wenn Sie in einem hypnotischen Zustand sind, sind Sie sich Ihrer selbst mehr bewusst als in normalem Zustand. Sie geben nicht Ihren freien Willen auf und erlauben niemandem, sich in ein „Zombie" zu verwandeln, das jemandem zu Willen ist. Im Gegensatz zu dem, was Sie in Filmen gesehen haben, macht Hypnose Sie nicht zum Sklaven der Person, die Sie hypnotisiert. Diese kann Sie auch nicht verliebt machen oder das Gegenteil, kann keinen wesentlichen Teil von Ihnen ändern oder etwas tun lassen, das Sie nicht tun wollen. Sie sind während der Hypnosesitzung weiterhin im vollen Besitz all Ihrer Fähigkeiten und stehen nicht unter einem „Zauberspruch" oder sonst etwas. Was Sie in Filmen oder in Bühnenshows gesehen haben, wo Menschen unter "Hypnose" wie Hühner herum laufen oder sonst wie auf Kommando lächerliche Dinge tun, ist keine echte Hypnose. Sie werden unter Hypnose niemals etwas tun, das Sie unter normalen Umständen nicht tun würden.

3. Kann ich ohne mein Einverständnis hypnotisiert werden?

Das ist eine weitere Besorgnis für Menschen, die nicht viel über Hypnose wissen. Aber keine Sorge, niemand kann Sie ohne Ihr Einverständnis hypnotisieren. Das kann einfach nicht geschehen. Hypnose ist keine Zauberei. Hypnose ist ein Zustand tiefer Entspannung. Wenn Sie nicht hypnotisiert werden möchten, dann werden Sie auch nicht in der Lage sein, sich zu entspannen und demzufolge kommen Sie in keinen hypnotischen Zustand. Es dauert einen gewissen Prozess, um in diesen Zustand zu gelangen, weil Ihr Körper und Geist eine gewisse Zeit brauchen, die totale Entspannung zu erreichen, die für Hypnose nötig ist. Sie können die Hypnosesitzung jederzeit beenden, wenn Sie sich während des Prozesses nicht wohl fühlen oder nicht hypnotisiert werden wollen. Sie haben wahrscheinlich Hypnose in Filmen oder im Fernsehen gesehen, wo eine hypnotisierende Person mit den Fingern schnippt und die andere Person augenblicklich in Trance fällt und alles tut, was man ihr sagt. So funktioniert Hypnose nicht.

4. Was passiert, wenn ich aus der Hypnose nicht mehr zurückkommen kann?

Es ist physikalisch unmöglich, dass das geschieht, weil Sie zu keinem Zeitpunkt während der Hypnose ohne Bewusstsein sind. Sie sind in einem sehr entspannten Zustand, aber nicht bewusstlos, und Sie können aus diesem Zustand jederzeit wieder heraus. Sie können auch wieder zurückkommen, wenn der Hypnotherapeut ein Stichwort gibt. Manchmal, wenn dieses Stichwort fällt, wollen Sie die Hypnose gar nicht verlassen, weil sich dieser Zustand so gut anfühlt. Wenn das passiert, kann es ein paar Minuten dauern, bis Sie wieder in Ihrem normalen Zustand der Wahrnehmung sind, aber das ist nur, weil Sie in diesem entspannten Zustand bleiben wollen, nicht weil Sie gezwungen sind, darin zu bleiben oder weil Sie nicht wieder selbst heraus können. Sie haben immer die Kontrolle, auch wenn Sie tief in Hypnose sind.

5. Kann ich mich selbst hypnotisieren?

Sie können sich absolut selber hypnotisieren. Sie müssen zwar die richtige Methode lernen, aber sobald das geschehen ist, ist es möglich, sich selbst zu hypnotisieren. Manche Menschen ziehen Selbsthypnose vor, weil sie keiner anderen Person vertrauen und nicht genug entspannen können, um in einen hypnotischen Zustand zu gelangen, wenn jemand anders zugegen ist. Sie können sich auch zwischen zwei Sitzungen mit Ihrem Hypnotherapeuten selbst hypnotisieren, wenn Ihnen nach extra Entspannung ist. Wenn Sie dies als Laie machen wollen, um Angstzustände, Depressionen oder andere psychische Beschwerden zu behandeln, sollten Sie doch besser an einen professionellen Therapeuten wenden, als sich auf Selbsthypnose zu verlassen.

6. Funktioniert Hypnose bei Kindern?

Ja, Hypnotherapie wird oft verwendet, um Kinder mit Verhaltensstörungen oder traumatischen Erlebnissen zu behandeln. Kinder werden auch bisweilen von der Polizei in hypnotischen Zustand versetzt, um Verbrechen aufzuklären, in die Kinder verwickelt sind. Manche Hypnotherapeuten haben herausgefunden, dass Hypnose zur Behandlung von Alpträumen bei Kindern unter 10 Jahren effektiver sein kann als andere

Behandlungsformen. Wenn Kinder vor dem Zubettgehen in einen tiefen hypnotischen Zustand versetzt werden, entspannt sich ihr Gehirn so stark, dass sie nicht von Alpträumen geplagt werden. Wenn das bei Ihrem Kind der Fall ist und keine andere Behandlung anspricht, ist das eine Option, die Sie mit Ihrem Arzt besprechen sollten.

7. Ist Hypnose nur ein New Age Unsinn?

Viele Menschen sind anfangs skeptisch in Bezug auf Hypnose, aber das ist nur, weil sie nicht verstehen, wie sie für medizinische und psychologische Behandlungen verwendet wird. Hypnose ist nicht irgendeine verrückte New Age Therapie. Sie ist eine legitime therapeutische Technik, die nachweisbar mit Erfolg bei Millionen Menschen mit physischen und psychischen Beschwerden angewendet worden ist. Jeder kann mit Hypnose behandelt werden und in den meisten Fällen ist sie sehr wirkungsvoll für viele Beschwerden. Sie hat eine lange Geschichte als Behandlungsmethode für Krankheiten und ist keine neue oder nicht ausgetestete Therapie.

8. Wie viele Probleme kann ich gleichzeitig mit Hypnose heilen?

Hypnose ist keine Zauberheilmethode, mit der Sie all Ihre Probleme auf einmal los werden. Sie müssen immer eine Ihrer physischen oder psychischen Beschwerden nach der anderen behandeln, und zwar jeweils durch mehrere Sitzungen, um Resultate zu sehen. Es kann möglich sein, dass die Symptome einer Beschwerde, die ähnlich zu denen einer anderen sind, zusammen verschwinden, aber normalerweise müssen Sie ein Problem nach dem anderen anpacken.

9. Muss ich einen Hypnotherapeuten mehr als einmal aufsuchen?

Ja, Sie brauchen mehr als eine Sitzung mit einem Hypnotherapeuten, um Ihr Problem zu lösen. Die meisten Patienten sehen erkennbare Ergebnisse schon nach ein paar Sitzungen. Deshalb besteht eine gute Chance, dass Sie nicht monatelang extensiv Hypnose brauchen, aber es erfordert fast immer mehr als eine Sitzung, um Resultate zu erzielen.

10. Ist Hypnose sicher?

Hypnose ist total sicher. Sie haben die Situation immer unter Kontrolle und sind nie bewusstlos. Im Gegensatz zu Drogentherapien hat Hypnose keine Nebenwirkungen und bei den meisten Menschen funktioniert sie. Es ist nicht wie bei Medikamenten, die wirken können oder auch nicht, je nachdem, wie der Körper darauf reagiert und um welche Beschwerde es sich handelt. Hypnose kann auf sichere Weise die physischen und psychischen Aspekte von häufigen Problemen wie Sucht behandeln und kann die physische und psychische Abhängigkeit von Esssucht, Rauchen, Trinken, Hysterie, Wut oder jeder anderen destruktiven Problemen brechen.

ARTEN DER HYPNOSE

Generell gibt es drei Hypnose-Techniken, die von Therapeuten benutzt werden. Manche Menschen reagieren besser auf die eine oder andere Art, oder der Hypnotiseur hat sich auf eine Technik spezialisiert. Wenn Sie bei einem Therapeuten in Behandlung sind und nicht die gewünschten Resultate erzielen, sollten Sie in Erwägung ziehen, einen anderen mit einer anderen Technik zu probieren. Die drei Typen der Hypnose sind:

Traditionelle Hypnose

Bei der traditionellen Methode versetzt Sie ein Therapeut in einen Zustand der Tiefenentspannung und legt dann hypnotische Suggestionen direkt in Ihr Unterbewusstsein, um die von Ihnen gewünschten Ergebnisse zu erreichen. Dies ist die einfachste Methode und erfordert nicht viel Training, weshalb sie auch am häufigsten angewendet wird. Wenn Sie ein sehr analytisch und logisch denkender Mensch sind, kann diese Hypnoseform nicht so gut funktionieren wie eine der beiden anderen. Studien haben gezeigt, dass die traditionelle Hypnose bei weniger kritischen Menschen effektiver ist.

Ericksonian Hypnose

Statt direkte Suggestionen oder Befehle an das Unterbewusstsein zu richten, arbeitet der Hypnotherapeut hier mit Metaphern, um das gewünschte Resultat zu bekommen. Das Unterbewusstsein stellt sofort die Verbindung her zwischen Metapher und gewünschtem Verhalten, aber die Metapher selbst stellt eine Ablenkung für das Bewusstsein dar. Während also das Bewusstsein versucht, die Metapher zu erkennen, geht die Metapher direkt ins Unterbewusstsein. Ericksonian Hypnose ist besonders effektiv bei Menschen, die höchst logisch oder kritisch und die der Hypnose-Idee gegenüber resistent sind, weil sie Probleme haben, einen ausreichend tiefen Zustand der Entspannung zu erreichen, um hypnotische Suggestionen wirklich aufnehmen zu können. Diese Hypnoseform durchdringt die Widerstände und Skepsis des Bewusstseins und erreicht das Unterbewusstsein, wo es seine Wirkung entfalten kann.

Neurolinguistische Programmierung (NLP)

NLP ist die am höchsten entwickelte Art der Hypnose und sollte nur von gut ausgebildeten Therapeuten ausgeführt werden. NLP wird angewandt, um ernste Probleme oder schweres Suchtverhalten zu behandeln, indem das Gehirn neu programmiert wird. Wenn Sie zum Beispiel beim Frühstückskaffee immer eine Zigarette rauchen, wird Ihr Gehirn diese zwei Tätigkeiten paaren und jedes Mal, wenn Sie einen Tasse Kaffee trinken, haben Sie auch Lust auf eine Zigarette. Ein auf NLP spezialisierter Therapeut wird die Hypnose dazu verwenden, die Verbindung dieser zwei Aktivitäten aufzuheben, so dass Sie eine Tasse Kaffee trinken können, ohne an eine Zigarette zu denken.

Oder wenn Sie Gewicht reduzieren wollen, kann ein NLP-Hypnotherapeut ein Bild von Ihnen mit dem

Wunschgewicht kreieren und es direkt in Ihr Unterbewusstsein projizieren. Dann löscht er das alte Skript in Ihrem Gehirn, so dass Sie nicht mehr daran denken, wie unglücklich Sie über Ihr Aussehen sind, sondern dass Sie sich sehen, wie Sie sein wollen, nämlich schlank und schön.

HYPNOSEBEHANDLUNG FÜR PHYSISCHE BESCHWERDEN

Auch wenn Ärzte nie die Existenz von Hypnose bestritten haben, so haben sie sie doch erst in den vergangenen Jahrzehnten als Behandlung für gesundheitliche Beschwerden entdeckt. Mit Hypnose wurden in erster Linie psychologische Probleme behandelt, bis Ärzte in jüngster Vergangenheit zu erkennen begannen, dass sie unter bestimmten Umständen auch bei physischen Beschwerden effektiv ist. In klinischen Studien erwies sich Hypnose als eine sehr mächtige Behandlungsart für einige Krankheiten, die mit Medikamenten nur sehr schwierig zu behandeln sind wie chronische Schmerzen, chronische Müdigkeit, Süchte, ja sogar Schmerz und Angstzustände bei Geburten. Anders als eher herkömmliche Therapien wird Hypnose nicht als alleinige Behandlung verwendet, sondern in Verbindung mit anderen Therapien, um deren Wirksamkeit zu erhöhen und um etwaige psychologische Probleme zu behandeln, die einem physischen Problem zugrunde liegen. Seit immer mehr westliche Ärzte die ganzheitliche Idee der Medizin akzeptieren und erkennen, dass Körper und Geist miteinander in Beziehung stehen, so dass das, was Einfluss auf den Körper hat, auch Einfluss auf den Geist hat und umgekehrt, seitdem wird Hypnose als Behandlung für medizinische Beschwerden geschätzt.

Weil Hypnose keinerlei Nebenwirkungen aufweist und weil es kein Risiko gibt, raten die meisten Ärzte ihren Patienten nicht davon ab, sie zu nutzen, auch nicht solche Ärzte, die nicht an die Kraft der Hypnose glauben. Aber immer mehr klinische Studien werden durchgeführt, die belegen, dass Hypnose in fast allen Fällen und bei unterschiedlichsten Menschen funktioniert.

Westliche Patienten wenden sich mehr und mehr alternativen Therapien zu, weil sie schulmedizinisch ausgerichteten Medizinern und Pharmakonzernen immer weniger trauen und weil sie Behandlungen wünschen, bei denen sie sich sicher fühlen und die effektiv sind. Hypnose ist die sicherste Behandlungsart für viele Beschwerden, weil sie keinerlei Nebenwirkungen besitzt.

Hypnose ist auch sicherer als viele medikamentöse Therapie, denn es gibt keine Medikamenten-Nebenwirkungen oder allergische Reaktionen. Jedermann kann hypnotisiert werden ungeachtet seines derzeitigen Gesundheitszustandes, ungeachtet eventuell vorhandener Allergien oder welche Medikamente er zu sich nimmt. Wenn Sie näher betrachten, bei wie vielen physischen Beschwerden Hypnose angewendet werden kann, werden Sie erstaunt sein:

- Hypnose kann die psychologischen Gründe von Sucht beseitigen und Gelüste verringern

- Hypnose kann Entzugserscheinungen lindern

- Hypnose kann Geburtswehen beseitigen

- Hypnose kann die Symptome von Depressionen und Angstzuständen verbessern oder beseitigen

- Hypnose kann Schmerzen ohne Narkosemittel bei Operationen oder Zahnbehandlungen eliminieren. Dies ist besonders effektiv bei Patienten, die unter einer Dental-Phobie leiden, die sie davon abhält, regelmäßige Untersuchungen durchführen zu lassen.

- Hypnose kann die Symptome von Reizdarm und nervösem Magen behandeln und beseitigen

- Hypnose kann den Blutdruck senken

- Hypnose ist hilfreich beim Umgang mit Übelkeit und Schmerzen im Zusammenhang mit Chemotherapie

- Hypnose kann die Schmerzen und Abgeschlagenheit bei Migräne beseitigen

- Hypnose kann die Symptome von Asthma beseitigen und Asthmaattacken mildern

- Hypnose kann erfolgreich Warzen, Schuppenflechte (Psoriasis) und atopische Dermatitis behandeln

- Hypnose kann Gelenk- und Muskelschmerzen bei chronischen Beschwerden wie Fibromyalgie und Arthritis lindern

- Hypnose kann Schlafstörungen wie Schlaflosigkeit beseitigen oder die Symptome von z.B. Atemstillstand (Apnoe) verträglicher machen

- Hypnose kann Fettsucht behandeln

- Hypnose kann Kinder mit ADHS (Aufmerksamkeitsdefizitsyndrom)behandeln helfen

- Hypnose kann die Auswirkungen von Stress und stressbedingten Krankheiten beseitigen

HYPNOSE UND SCHMERZBEHANDLUNG

Millionen Menschen leiden unter chronischen Schmerzen durch Fibromyalgie, Arthritis usw. Wenn diese Schmerzen mit Medikamenten behandelt werden, entsteht bei vielen eine Abstumpfung gegenüber den Schmerzmitteln, so dass sie zu stärkeren Präparaten wechseln müssen. Oder das verabreichte Medikament führt zu einer Reihe von Nebenwirkungen, die das Leben der Patienten weiter negativ beeinflussen. Und bei manchen anderen wirken Schmerzmittel einfach nicht, so dass sie ohne Aussicht auf Erleichterung unter ihren Schmerzen leiden.

Hypnose kann diese Probleme beseitigen.

Weil es bei Hypnose keine Nebenwirkungen gibt, ist sie 100% sicher für jeden, egal wie der Gesundheitszustand ist und welche Medikamente eingenommen werden. Weil

Hypnose die Art und Weise ändert, wie der Körper Schmerz wahrnimmt, können selbst Menschen, die durch Medikamente keine Linderung erfahren, dies durch Hypnose erreichen. Und da sie auf Körper und Geist einwirkt, funktioniert sie auch bei Schmerzen, die auf Medikamente nicht reagieren wie z.B. Fibromyalgie. Speziell dieser Schmerz ist für Ärzte besonders schwer zu behandeln, weil er konstant und diffus ist oder im ganzen Körper, wogegen normale Schmerzmittel nicht viel ausrichten können.

Wenn Hypnose genutzt wird, um Schmerzen zu lindern oder zu beseitigen, induziert der Hypnotherapeut eine hypnotische Suggestion in das Unterbewusstsein des Patienten. Der Schmerz mag zwar immer noch vorhanden sein, aber das Gehirn registriert ihn nicht mehr so intensiv, also tut es auch nicht mehr so weh. Auf diese Weise nimmt die betreffende Person nicht an, dass kein Schmerz mehr vorhanden ist, wodurch sie sich versehentlich verletzen würde, aber wird auch nicht mehr ständig so unter Schmerzen leiden.

Hypnose wird ebenfalls bei Behandlungen angewendet, die schmerzhaft sind. Wenn ein Patient in einen tiefen hypnotischen Zustand versetzt wird, durchläuft er keine

Stress- und Angstzustände. Das macht die Behandlung nicht nur schmerzfreier, sondern auch effektiver. Patientinnen werden oft vor einer Geburt in Hypnose versetzt, um die Wehen zu lindern, insbesondere wenn eine Epiduralanästhesie wegen der Gesundheit der Mutter nicht möglich ist.

Menschen, die unter einer Sucht leiden und denen keine Schmerzmittel gegeben werden können, nutzen immer häufiger Hypnose als eine Methode, um mit ihren Schmerzen umgehen zu können. Mehr und mehr Krankenhäuser beschäftigen Hypnotherapeuten für Patienten, denen schmerzhafte Behandlungen bevorstehen, die aber keine Medikamente wünschen. Patienten, bei denen z.B. Chemotherapie, Lumbalpunktion oder eine andere extrem schmerzvolle Behandlung durchgeführt werden soll, haben die

Möglichkeit, sich in Hypnose versetzen zu lassen, damit sie nicht so stark unter den Schmerzen leiden. Wenn bei Ihnen eine schmerzhafte Behandlung ansteht, sprechen Sie Ihren Arzt darauf an, eine Hypnotherapie zu erhalten, um die Schmerzen zu reduzieren.

HYPNODERMATOLOGIE

Hypnodermatologie ist das Verfahren, bei dem Hypnose zur Behandlung von Hautkrankheiten eingesetzt wird. Es gibt viele Hautprobleme, die durch Stress oder psychische Gründe hervorgerufen werden. Tatsächlich ist bekannt, dass viele häufig vorkommende Hautkrankheiten wie Schuppenflechte, Akne und Rosacea durch Stress und andere Faktoren ausgelöst werden. Daher ist eine Person, die einen hohen Stresslevel hat, deutlich höher in Gefahr, Hautprobleme zu entwickeln als jemand, der einen ruhigeren Lebensstil pflegt.

Hautkrankheiten sind eher als andere Krankheiten das Ergebnis psychischer und emotionaler Faktoren wie z.B. Stress, deshalb macht Hypnose als Behandlungsform Sinn. Je weiter ein Mensch, der unter z.B. Psoriasis leidet, seinen Stresslevel senken kann, desto schneller wird diese Krankheit wieder verschwinden. Da die medikamentöse Behandlung von Hautkrankheiten schwierig sein und zu unerwünschten Nebenwirkungen führen kann, empfehlen Dermatologen ihren Patienten oft Hypnodermatologie, wenn die Hautprobleme auf Stress zurückzuführen sind.

Studien über häufige Hautkrankheiten haben ergeben, dass bei 60% der Patienten Stress und psychische Gründe als Ursache ihrer Beschwerden zu Grunde lagen. Dies ist ein weiteres Beispiel der gegenseitigen Abhängigkeit der Gesundheit von Körper und Geist. Weil Hypnose gleichzeitig Körper und Geist durch tiefe Entspannung behandelt, ist sie die perfekte Behandlungsmethode für viele Hautkrankheiten.

Hypnose ist aber auch effektiv bei Hautkrankheiten, die keine psychischen Ursachen haben. Ausschläge, Infektionen und andere Probleme können erfolgreich mit einer Kombination aus Antibiotika und Hypnose behandelt werden. Das Medikament behandelt den bestehenden Ausschlag oder die Infektion, während die Hypnose Schmerz und Juckreiz reduziert, damit der Patient nicht kratzt und die Infektion noch weiter verbreitet. Weil sich Hautinfektionen bekanntermaßen leicht ausbreiten, vor allem unter Familienmitgliedern oder unter Kindern, ist Hypnose ein gutes Werkzeug, die Symptome einzudämmen.

Hautallergien sind ebenfalls leicht mit Hypnose zu behandeln. Es wurden sogar ein paar Studien durchgeführt, die zeigen, dass Babys und Kinder mit Allergien besonders gut auf Hypnose ansprechen.

HYPNOSE UND SCHLAFSTÖRUNGEN

Schlafstörungen sind ein ernstes Problem für Abermillionen Menschen. Medizinische Studien haben bewiesen, dass Schlafmangel unangenehme Konsequenzen für die Gesundheit hat. Fettleibigkeit, Herzkreislaufkrankheiten, mentale Probleme und andere Beschwerden können darauf zurückgeführt werden. Durch Schlaf erholen sich Körper und Geist; wenn er also fehlt, stellen sich psychische und auch emotionale Probleme ein. Ebenso können nervöse Erregbarkeit, geistige Verwirrung, Gedächtnisverlust usw. durch längere Perioden von unterbrochenem Schlaf oder Schlaflosigkeit herrühren. Medikamente können einige Arten von Schlafstörungen wirkungsvoll bekämpfen, aber es besteht immer das Risiko, dass man von Schlaftabletten abhängig wird.

Viele haben auch eine Reihe von gefährlichen Nebenwirkungen wie Selbstmordgedanken, Schlafwandeln und andere. Hypnose ist dagegen eine wunderbare Methode zur Behandlung von Schlafstörungen, weil die Tiefenentspannung einerseits die zugrunde liegende Ursache bekämpft und andererseits auch als Atempause von den Symptomen gilt. Wenn Sie schlafen, befindet sich Ihr Körper in einem tiefen Zustand der Entspannung, die der der Hypnose nicht unähnlich ist. Wenn Sie Ihr Arzt in Hypnose versetzt, um welche Schlafstörung auch immer zu behandeln, versetzt er damit Geist und Körper in Tiefenentspannung, die beide brauchen, um sich zu erholen und wieder fehlerfrei zu funktionieren. Sie fühlen sofortige Befreiung von den Symptomen der Schlafstörung, denn wenn Sie aus der Hypnose erwachen, fühlen Sie sich wie neu geboren und ruhig, und die hypnotischen Suggestionen, die in Ihr Unterbewusstsein gelegt werden, bewirken, dass die eigentliche Ursache der Schlafbeschwerden geheilt werden.

Manchmal gibt es physische Umstände für Schlaflosigkeit, die mit mehr schulmedizinischen Mitteln diagnostiziert und behandelt werden müssen, aber auch dann können ein paar Hypnosebehandlungen Körper und Geist die benötigten erfrischenden Pausen geben. Während Ihr Arzt die physische Ursache heilt, können Sie gleichzeitig ein paar Mal die Woche einen Hypnotherapeuten aufsuchen, um Erregbarkeit, Erschöpfung und andere Symptome zu behandeln. Hypnose als primäre oder sekundäre Behandlung von Schlafstörungen wird auf der ganzen Welt angewendet und wurde in Hunderten Studien erfolgreich bestätigt. Hypnose hat sich auch als sanfte Behandlungsform bei Kindern bewährt, die von Alpträumen geplagt werden und kann auch deren Körper und Geist so tief entspannen, dass sie friedlich durchschlafen können.

HYPNOSE UND PSYCHOTHERAPIE

Hypnose wird seit Jahrhunderten zur Behandlung von psychologischen Beschwerden und von physischen Beschwerden mit psychologischen Komponenten genutzt. Es gab aber auch immer eine gewisse Kontroverse wegen der Gefahr, dass das Unterbewusstsein mit falschen Erinnerungen programmiert wird, die dem Patienten perfekt realistisch erscheinen.

Manche Hypnotiseure bestreiten die Behauptung, dass man falsche Erinnerungen in das Unterbewusstsein legen könne, aber im Jahre 2001 wurde eine wissenschaftliche Untersuchung durchgeführt, die bewies, dass dies möglich ist, wodurch sogar Halluzinationen, Gedächtnisverlust und Zwangsneurosen in Testpersonen ausgelöst wurden. Jedoch wurden diese Experimente in streng kontrollierten und überwachten Tests durchgeführt, so dass es unwahrscheinlich ist, dass diese Resultate außerhalb klinischer Vorgaben wiederholt werden können. Diese Studien sollten auch eher skeptischen Ärzten, die die Wirksamkeit der Hypnose bezweifelten, beweisen, dass sie Macht über den Geist hat.

Hypnotherapie kann von einem ausgebildeten Arzt oder Psychologen durchgeführt werden, aber auch von einem zugelassenem Heilkundigen, der keine oder minimale psychologische Ausbildung besitzt. Wenn Sie in Betracht ziehen, einen Hypnotherapeuten aufzusuchen, um Kindheitsprobleme zu behandeln oder eine chronische Krankheit zu bekämpfen, dann sollten Sie einen Therapeuten wählen, der einen fundierten medizinischen oder psychologischen Background hat statt jemand, der nur ein alternativer Heiler ist. Ein Fachmann mit guter Ausbildung wird besser in der Lage sein, Ihre speziellen Erfordernisse zu erfüllen.

Aber wenn Sie mittels Hypnotherapie das Rauchen aufgeben, Ihr Gewicht reduzieren, Ihren Stresspegel senken oder sich selbstsicherer machen wollen, wenn Sie in der Öffentlichkeit sprechen, dann kann ein Alternativmediziner, der sich auf Hypnose spezialisiert hat, eine gute Wahl sein. Wenn Sie eine Drogensucht bekämpfen oder ein Verhalten ändern möchten, ist es eine gute Idee, sich mit einem ausgebildeten Hypno-Psychologen und einem Alternativmediziner zu unterhalten, um zu sehen, welcher für Ihre Umstände geeigneter ist.

Der auszuwählende Hypnotherapeut, durch den Sie eine Sucht loswerden wollen, sollte darin ausgebildet sein, die Ursache der Sucht zu eliminieren. Je nach dem brauchen Sie die Hilfe eines ausgebildeten Psychologen, um mit dem emotionellen Stress umzugehen, der auftreten kann, wenn man eine alte emotionale Wunde aufreißt oder ein Verhaltensmuster ändert, das man schon seit der Kindheit besitzt.

PSYCHOLOGISCHE BESCHWERDEN, DIE NORMALERWEISE DURCH HYPNOSE BEHANDELT WERDEN

Die östliche Medizin hatte schon vor langer Zeit das Zusammenspiel von Körper und Geist erkannt. Die jahrhundertealte ayurvedische Medizin in Indien gründet auf dem Prinzip, dass alles, was im Körper physisch nicht in Ordnung ist, eine mentale oder emotionale Ursache hat. Demnach kann das physische Symptom erst behandelt werden, wenn zuerst die emotionale oder psychische Ursache geheilt ist. Sie sind möglicherweise überrascht, wie viele Krankheiten, die normalerweise mit Medikamenten behandelt werden, auch erfolgreich mit Hypnose behandelt werden können. Falls Sie oder jemand, den Sie kennen, unter den folgenden Beschwerden leidet, aber auf Medikamente nicht gut angesprochen hat, oder sie aus Furcht vor Nebenwirkungen bzw. Abhängigkeit nicht möchte, dann ist Hypnose eine gute Option:

- Süchte

- Fettleibigkeit

- Phobien (krankhafte Furcht)

- Ängste

- Depressionen

- Zwangsstörungen

- ADHS

- Schlaflosigkeit

- Stress

- Wutanfälle

- Kindheitsprobleme

- Sexuelle Störungen

- Essstörungen

- Zwangsneurosen

HYPNOSE, UM MIT DEM RAUCHEN AUFZUHÖREN

Millionen Menschen versuchen jedes Jahr, das Rauchen aufzugeben, aber nur 30-50% schaffen es auch. Studien haben belegt, dass die brutale Methode sehr häufig fehlschlägt, aber dass Menschen oft auch zögern, sich Medikamente zur Raucherentwöhnung verschreiben zu lassen. Nikotin-Kaugummis und Anti-Raucher-Pflaster, die es auf dem Markt gibt, können sehr wirksam sein, sind aber auch sehr teuer und so landen viele wieder beim Rauchen, weil es billiger ist. Wenn Sie also in der Vergangenheit vergeblich mit Ihrer Nikotinsucht gekämpft haben, sollten Sie es mal durch Hypnose versuchen.

Diesbezügliche Studien haben ergeben, dass Patienten, die mittels Hypnose das Rauchen aufgegeben haben, die gleichen oder höhere Erfolgsaussichten haben wie Leute, die Nikotin-Kaugummis oder -pflaster benutzen. Der Grund für die hohe Erfolgsquote liegt eben wieder darin, dass Hypnose das psychologische und physische Verlangen nach Zigaretten behandelt, so dass man nicht so ein schreckliches Verlangen nach Nikotin hat, wie das bei Nikotin-Kaugummis oder –pflastern der Fall ist.

Die meisten Süchte, einschließlich Rauchen, haben sowohl psychische als auch physische Komponenten. Wenn man süchtig nach Nikotin ist, hat der Körper ein physisches Verlangen nach Nikotin, aber mental assoziiert man es mit Stressbewältigung, Wohlbehagen und alltäglichen Gewohnheiten wie ein Tasse Kaffee trinken oder ins Auto einsteigen. Rauchen ist sowohl eine Sucht als auch eine Gewohnheit, weshalb das Ändern der Gewohnheit (eine Zigarette zu rauchen) als auch das körperliche Verlangen (nach Nikotin) es so schwer machen, mit dem Rauchen aufzuhören.

Hypnose kann im Gegensatz zu jeder anderen Behandlungsmethode gleichzeitig alle Ursachen behandeln. Durch das Versetzen in einen tiefen hypnotischen Zustand und durch die Verwendung hypnotischer Suggestionen kann ein erfahrener Therapeut die Assoziationen im Zusammenhang mit Zigaretten zerschlagen, so dass man in der Lage ist, einen Kaffee zu trinken oder in ein Auto zu steigen, ohne dabei an Rauchen zu denken. Ein Hypnotherapeut kann in derselben Sitzung die zugrunde liegenden Ursachen wie Stress, der Wunsch, schlank zu sein oder einfach nur die schlechte Angewohnheit beheben, die jemanden rauchen lassen möchten. Und er kann auch dem Körper ein anderes Signal geben, so dass er statt nach Zigaretten nach Wasser oder etwas anderem Gesundem verlangt. Manche Hypnotherapeuten können sämtliche Gelüste abstellen, so dass man unter Umständen schon nach einer Hypnose-Sitzung keinerlei physisches und mentales Verlangen mehr auf Rauchen verspürt.

Das Beste dabei ist, dass man die Abhängigkeit von Zigaretten eliminiert und trotzdem nicht das Gefühl hat, sie durch Essen ersetzen zu müssen. Damit stehen die Chancen gut, dass man auf Dauer mit dem Rauchen aufhört, aber nicht 10 oder 20 Kilo zunimmt.

HYPNOSE ZUR GEWICHTSABNAHME

In den USA wurden Untersuchungen durchgeführt, die zum Vorschein brachten, dass ständig fast zwei von vier Frauen eine Diät durchführen und dass die Zahl der Männer fast genauso hoch ist. Menschen bemühen sich, Gewicht zu verlieren, nur um dann doch wieder zuzunehmen oder ganz aufzugeben. Diäten sind ein Milliardengeschäft, das Nahrungsmittel, Getränke, Pulver, Pillen und andere Produkte vermarktet. Obwohl die meisten Leute wissen, dass diese Produkte nicht halten, was sie versprechen und sie nicht abnehmen, kaufen sie

sie trotzdem und fallen dann doch wieder in alte Verhaltensmuster des ungesunden Essens zurück, wenn sie gescheitert sind. Hypnose ist eine gute Option, wenn Sie schlanker werden und bleiben wollen, weil sie die Ursachen des Zu-viel-essens und die physischen Gelüste beseitigt.

Die meisten Menschen essen zu viel, wenn sie Stress oder Ärger haben, oder sie essen zu viel, wenn sie versuchen, ein psychischen oder emotionales Vakuum zu füllen. Andere essen zu viel, weil sie von Ihren Eltern falsche Verhaltensmuster im Bezug auf Essen vermittelt bekommen haben und nun diesen Teufelskreis nicht mehr durchbrechen können. Es gibt also viele Gründe, aber nur eine Behandlung funktioniert bei jedem Typ von Gewichtsproblem – Hypnose. Was in Ihren Gehirn vor sich geht, wenn Sie zu viel essen, ist sehr ähnlich zu dem, was im Gehirn eines Drogen- oder Alkoholsüchtigen passiert. Die Nahrung füllt kurzfristig irgendwelche Defizite in Ihrem Leben und verursacht Vergnügen und Wohlbefinden, so dass Sie mehr essen, um dieses Gefühl so oft wie möglich zu haben. Doch Hypnose kann dieses Gefühle von der Essensaufnahme abkoppeln, so dass Sie sich zum Essen nicht emotional hingezogen fühlen.

Wenn Sie Nahrung eher als Energieversorger für Ihren Körper betrachten, ist es leichter, gesunde Speisen in der richtigen Menge zu sich zu nehmen. Menschen können auch süchtig nach Essen werden. Wenn das geschieht, kann Hypnose auf die gleiche Weise genutzt werden, wie andere Süchte behandelt werden, indem das psychische Bedürfnis nach der Sucht eliminiert und das Gehirn neu programmiert wird. Die Sucht nach Essen zu besiegen, kann für Menschen schwieriger sein als die nach anderen Substanzen wie etwa Alkohol, weil man Nahrung zum Leben braucht.

Gewichtszunahme ist das Resultat selbst zerstörerischer Essensgewohnheiten aus verschiedensten Gründen, doch Hypnose hat sich als eine der effektivsten Methoden herausgestellt, schlanker zu werden und zu bleiben. Diese Therapie ändert die Dynamik Ihres Lebens und erleichtert es, den selbstzerstörerischen Teufelskreis zu durchbrechen und statt dessen eine gesunde Beziehung zu Nahrungsmitteln aufzubauen.

HYPNOSE GEGEN ESSSTÖRUNGEN

Auch wenn es so aussieht, als ob Essstörungen und Gewichtsverlust das entgegengesetzte Ende des

Spektrum sind, so sind sie doch in Bezug auf die psychischen Voraussetzungen nur unterschiedliche Symptome des gleichen Grundproblems. Menschen, die Essstörungen wie Appetitlosigkeit und Bulimie entwickeln, versuchen Kontrolle über Ihren Körper auszuüben, weil sie glauben, dass sie keine Kontrolle über Ihr Leben haben. Menschen, die zu viel essen, können dies auch aus einem Gefühl der Ohnmacht tun, die ihre Ursachen in Angst, Hoffnungslosigkeit, Depression usw. haben; sie drücken es nur auf unterschiedliche Weise aus – statt überhaupt nicht zu essen oder es wieder zu erbrechen, essen sie zu viel.

Es geschieht nicht oft in Medizin oder Therapie, dass dieselbe Behandlung erfolgreich für gegensätzliche Beschwerden angewendet werden kann, aber bei Hypnose ist das der Fall. Sie hat sich auch bei Essstörungen bewährt. In einer Studie konnten 70% der Patienten, die unter Bulimie litten, durch NLP-Hypnose vollständig geheilt werden, ohne dass sie innerhalb eines Jahres einen Rückfall erlitten. Menschen, deren Ess-Störungen ohne Hypnose behandelt werden, sind in ständiger Gefahr, Rückfälle zu erleiden, weil sie in Situationen, wo sie sich gestresst oder ängstlich fühlen oder wenn sie glauben, die Kontrolle über ihr Leben zu verlieren, zu ihrem früheren zerstörerischen Verhalten zurückgreifen, um sich die Illusion zu geben, dass sie mehr Macht über ihr Leben haben.

Warum ist Hypnose solch eine wirksame Behandlung bei Ess-Störungen?

Psychologen meinen, dass der Grund wahrscheinlich darin liegt, dass mehr als 90% der Patienten mit Essstörungen von einer Dissoziation von ihren Bulimie-Verhaltensmustern berichten.

Dissoziation ist ein "Abschalten" des Bewusstseins, wenn die betreffende Person allein auf der Basis des Unterbewusstseins handelt.Manchmal kann auch eine Episode, die die Person an ein Kindheitstrauma erinnert ausreichend sein, um eine Dissoziation auszulösen. Da hypnotische Suggestionen die Gedanken, die im Unterbewusstsein auftreten, ändern können, ist es möglich, Verhaltensweisen zu ändern, die während einer dissoziativen Phase ausgelöst werden.

Ein Patient mit Bulimie zum Beispiel, der jedes Mal auf Veranlassung des Unbewussten erbricht, wenn er etwas gegessen hat, kann mit einer hypnotischen Suggestion diese Zwangshandlung ersetzen, Das Loswerden der unterbewussten Zwangshandlung und das gleichzeitige Ersetzen des negativen Verhaltensmusters durch ein positives, ist wirklich die ideale Behandlung bei mental bedingten Essstörungen.

HYPNOSE GEGEN MIGRÄNE

Wenn Sie unter Migräne leiden, dann wissen Sie, dass diese Schmerzen weit schlimmer sind als normale Kopfschmerzen. Menschen mit Migräne leiden unter einer Reihe von Symptomen wie extreme Lichtempfindlichkeit, Lärmempfindlichkeit, Brechreiz, Erbrechen und natürlich heftige Schmerzen in verschiedenen Bereichen des Kopfes oder hinter den Augen. Migräne kann plötzlich auftreten und ist sehr schwer zu behandeln. Manche Menschen schwächt die Migräne so sehr, dass sie nicht arbeiten oder normale Aktivitäten ausüben können. Es gibt Medikamente, die gegen Migräne-Schmerzen zu helfen scheinen. Normalerweise bestehen sie aus einer Kombination aus Koffein und hochdosierten Schmerzmitteln. Doch eine der besten Behandlungen gegen Migräne ist Hypnose.

Hypnose wirkt so gut als Migränebehandlung, weil sie den teuflischen Kreislauf der Schmerzen durchbricht, unter dem Ihr Körper leidet. Wenn Sie einen Migräneanfall bekommen, beginnt Ihr Körper, sich zu verspannen. Je schlimmer die Schmerzen werden, desto mehr verspannen sie. Ihre Muskeln verspannen sich, Ihre Kiefer mahlen, Ihr ganzer Körper steift sich. Adrenalin wird durch Ihre Venen gepumpt. Da das Hormonsystem auf Hochtouren läuft und Ihren Körper mit Hormonen flutet, steigert sich der Schmerz. Und je mehr Schmerz sie fühlen, desto verspannter und gestresster werden Sie. Was wiederum zu weiteren Schmerzen führt. Ein endloser Kreislauf. Hypnose durchbricht diesen Kreis, indem sie Sie in einen Zustand tiefer Entspannung versetzt. Ihre Schmerzen nehmen nicht mehr zu, sondern lassen nach, da der Stresspegel umso niedriger wird, je mehr Sie entspannen. Wenn der Stress weniger wird, kann Ihr Körper die Schmerzen besser verarbeiten. Sie haben sicherlich noch Schmerzen, aber sie sind nicht mehr so unerträglich. Ihre Muskeln verspannen sich nicht, Ihre Kiefer mahlen nicht und Ihr Körper wird nicht mit Adrenalin und anderen Hormonen überschüttet. Für viele Menschen ist Hypnose eine gute Behandlungs-Alternative gegenüber Medikamenten, weil sie Selbsthypnose anwenden, um Migräne zu verhindern, bevor sie richtig beginnt. Sobald sie die Anzeichen einer beginnenden

Migräne spüren, kann eine schnelle Selbsthypnose-Sitzung das Problem beseitigen.

Medikamente, die Migräne behandeln, sind eine Kombination aus Beruhigungs- und Schmerzmitteln und können einige unangenehme oder gefährliche

Nebenwirkungen haben, was bei Hypnose nicht der Fall ist. Außerdem ist Selbsthypnose kostenlos, was mit das beste ist.

Um Selbsthypnose anzuwenden, müssen Sie einige Grundtechniken erlernen und wie man sich entspannt. Später in diesem Buch behandeln wir Selbsthypnose näher und wie Sie sie gegen Stress und bei gesundheitlichen Problemen schnell und schmerzfrei einsetzen können.

HYPNOSE GEGEN ANGSTZUSTÄNDE

Angstzustände reichen von einfacher Furcht bis zu schwerer Panikattacke. Jeder fühlt sich hin und wieder ängstlich, aber für manche Menschen gibt es bestimmte Aktionen oder Orte, die bei ihnen solch furchtbare Angst verursachen, dass sie nicht mehr funktionieren. Phobie ist ein Ausdruck für Angstzustände. Panikattacke ein anderer.

Psychologen schätzen, dass allein in den USA zehn Millionen Menschen unter solchen Angstzuständen leiden, dass sie nicht mehr in der Lage sind, ein normales Leben zu führen. Diese Menschen können z.B. keinen Beruf ausüben, in die Öffentlichkeit gehen, einkaufen, Auto fahren oder andere alltägliche Aktivitäten eines normalen, gesunden Lebens tun.

Unkontrollierte Angstzustände können schwere physische Probleme auslösen.

Stress ist verantwortlich für Herzkrankheiten, Bluthochdruck, Herzinfarkt, Muskelschmerzen, Fibromyalgie (Faser-Muskel-Schmerz) und andere Beschwerden, die manchmal lebensbedrohlich sind. Wenn der Körper unter hohem Stress steht oder in eine Panikattacke gerät, läuft das endokrine System auf Hochtouren und löst eine "Flucht oder Kampf" Reaktion aus, die normalerweise Situationen vorbehalten ist, in der die betreffende Person in Todesgefahr ist. Aber wenn jemand eine Panikattacke hat, dass er nicht mehr handeln kann, obwohl er nicht in Todesgefahr ist (es aber glaubt), reagiert der Körper entsprechend.

Angstzustände sind nicht neu. Vor allem bei Frauen werden sie seit Jahrhunderten diagnostiziert. In der

Vergangenheit wurde vor allen von Frauen mit Angstzuständen gesagt, dass sie unter „Hysterie" leiden; ihnen wurde eine Reihe von Medikamenten verschrieben, unter anderem Alkohol. In fast jedem einzelnen Fall von Angstzuständen können Psychologen ein Ereignis oder einen bestimmten Zeitabschnitt im Leben des Patienten festmachen, der in ihm ein solches Trauma verursachte. Dieses Ereignis entwickelt in der betreffenden Person schwere Angstzustände, sobald sie sich wieder etwas gegenüber gestellt sieht, das sie an den früheren Vorfall erinnert.

Es gibt Medikamente, die die Symptome von Angstzuständen behandeln und die Person wieder handlungsfähig macht, aber sie allein können selten Angstzustände heilen. Hypnose ist allgemein anerkannt als die beste Behandlungsmethode, weil sie das Verhalten des Patienten und die Assoziationen auf der Ebene des Unterbewusstseins neu programmiert. Das Ändern dieser unterbewussten Reaktionen ist der einzige Weg, tatsächlich von Panik und Angstzuständen befreit zu werden.

Ein qualifizierter Hypnotherapeut kann eine solche Person in einen Zustand der Tiefenentspannung versetzen und die unterbewussten Signale ändern. Durch Eliminieren des Schreckensmusters entfernt der Therapeut den Auslöser für Angstzustände. Danach setzt er neue hypnotische Suggestionen in das Unterbewusstsein, so dass diese Person statt z.B. in einer Menschenmenge

panisch zu reagieren, sich nun entspannt, glücklich und angeregt fühlt, unter Menschen zu sein.

HYPNOSE GEGEN STRESS BEDINGTE KRANKHEITEN

Exzessiver Alltagsstress ist ein Problem für viele Menschen, die ein unruhiges Leben führen. Der Stress, den Verkehr, Arbeit, Familie, Kinder und andere Pflichten verursachen, staut sich auf, bis Menschen schließlich kollabieren oder ernste Gesundheitsprobleme entwickeln wie Herzkrankheiten oder hoher Blutdruck. Stress kann auch andere Probleme verursachen, namentlich Angstzustände, Depressionen, Schlafstörungen, Fibromyalgie und weitere chronische Beschwerden. Unglücklicherweise besteht für die meisten Menschen nicht die Möglichkeit, die Stressursachen abzustellen; darum ist die einzige Option, den Stress zu behandeln.

Medikamentöse Therapien sind normalerweise nicht wirkungsvoll gegen stressbedingte Beschwerden. Das beste Heilmittel ist dagegen Entspannung, z.B. durch Meditation. Allerdings können oder wollen sich die meisten Menschen nicht die Zeit für regelmäßige Meditationen nehmen. Hypnosetherapie kann dagegen eine sehr wirkungsvolle Behandlung für Menschen sein, die Erholung von akutem Stress brauchen, weil sie den Körper in solch einen entspannten Zustand versetzt, dass die stressbedingten Schäden nachzulassen beginnen. Im Gegensatz zu vielen anderen Beschwerden sind die durch Stress ausgelösten Krankheiten durch Entspannungstherapien wie Hypnose reversibel.

Es ist nicht immer notwendig, einen Hypnotherapeuten aufzusuchen, wenn Sie Stress und stressbedingte Krankheiten bekämpfen wollen. Selbsthypnose kann genauso effektiv sein wie Sitzungen mit einem Hypnotiseur, sobald Sie die Techniken beherrschen. Sie können Selbsthypnose wann auch immer durchführen, wenn Sie sich gestresst fühlen und zur Ruhe kommen wollen. Sie ist jedoch keine Option für sämtliche Beschwerden, die mit Hypnose behandelt werden können, weil in Fällen, wo Sie Ihr Verhalten in bestimmten Situationen ändern müssen, es notwendig ist, dass ein erfahrener Hypnotherapeut hypnotische Suggestionen setzt.

Aber wenn Sie Hypnose hauptsächlich als Methode zur Tiefenentspannung benutzen, um die Auswirkungen des Alltagsstresses zu bekämpfen, dann ist die Selbsthypnose eine viel bessere und günstige Behandlungsform. Sie ist eine intensive Form der Meditation, Sie ziehen die gleichen Vorteile daraus wie aus tiefen Meditationen.

Sie können Selbsthypnose gegen Stress überall durchführen, also auch bei der Arbeit oder im Zug usw. Sie benutzen dazu einfach ein z.B. auf Ihren mp3-Player aufgenommenes Skript und hören es sich an, bis Sie sich selber in eine tiefe Entspannung versetzt haben.

Wenn Sie Selbsthypnose regelmäßig anwenden, um Stress loszuwerden, werden Sie fast unverzüglich die positiven physischen Veränderungen bemerken. Sie schlafen besser und länger, Ihr Blutdruck sinkt und Sie registrieren, dass Ihre Muskeln und Gelenke nicht mehr so schmerzen.

HYPNOSE GEGEN DEPRESSIONEN

Depressionen sind für Ärzte eine der am schwierigsten zu behandelnden Krankheiten. Es gibt hier eine deutliche Körper-Geist-Verbindung und ohne Behandlung sowohl der mentalen wie der physischen Ursachen ist es fast

unmöglich, die Symptome einer Depression zu beseitigen. Millionen Menschen werden jedes Jahr von Depressionen unterschiedlichen Grades heimgesucht. Bei manchen sind sie so schwer, dass sie den Alltag und das Leben kaum bewältigen können, wobei auch eine medikamentöse Behandlung kaum Abhilfe schafft.

Es gibt zahlreiche Kontroversen bezüglich der Präparate, die zur Behandlung von Depressionen verwendet werden, und als Resultat daraus zögern nun viele Menschen, verschreibungspflichtige Medikamente gegen Depressionen wegen der möglichen Nebenwirkungen einzunehmen. Zu den zwei häufigsten zählen Selbstmordgedanken und Depressionen. Wenn Depressionen eine Nebenwirkung eines Anti-Depressionsmittels sind, ist es wirklich kein Wunder, dass Menschen nach alternativen Behandlungen suchen, die weniger gravierende Nebenwirkungen haben.

Hypnose wird immer häufiger als Behandlung gegen Depressionen genutzt. Auch wenn es so etwas wie Wunderheilung nicht gibt, so kommt Hypnose dem doch am nächsten in Bezug auf die Heilung von Depressionen. Sie kann die psychologischen Aspekte einer Depression bei manchen Patienten schon in zwei bis drei Sitzungen eliminieren. Hypnotherapie gegen Depressionen sollte unbedingt von einem ausgebildeten Therapeuten mit viel Erfahrung durchgeführt werden. Andernfalls kann mehr Schaden als Positives angerichtet werden; auch ist Selbsthypnose im Falle von Depressionen nicht angeraten.

Sie können Selbsthypnose machen, um die Symptome Ihrer Depression zu behandeln. Das sind z.B. Stress und Verspannungen; hier kann Selbsthypnose eine gute Methode zur Linderung sein. Aber um die eigentlichen Ursachen einer Depression auszulöschen, brauchen Sie die Hilfe eines trainierten Therapeuten, der dem Unterbewusstsein genau die richtigen Formeln suggeriert.

Wenn Sie oder jemand, der Ihnen nahe steht, unter Depressionen leidet und medikamentöse Behandlung nicht zu helfen scheint oder wenn Sie wegen der Nebenwirkungen zögern, dann ist es wert, sich die Zeit zu nehmen, einen guten Hypnotherapeuten in Ihrer Gegend zu finden. Klinische Studien haben ein übers andere Mal gezeigt, dass Hypnotherapie eine effektive Behandlung für Depressionen darstellt. Da sie sicher ist und keine Nebenwirkungen hat, haben Sie nichts zu verlieren, wenn Sie sie ausprobieren.

Sie können Ihren Arzt nach Empfehlungen von qualifizierten Hypnotherapeuten fragen oder Sie gehen online und suchen dort. Sie können auch Verwandte und Freunde ansprechen, ob sie jemand empfehlen können. Stellen Sie aber sicher, dass der Therapeut auch in Psychologie oder Medizin ausgebildet ist und nicht nur eine Urkunde hat, die besagt, dass er Hypnose ausüben darf.

Manche Mediziner sind besorgt über die Anwendung von Hypnose bei Depressionen, denn falls der Therapeut nicht gut ausgebildet ist, können die verwendeten hypnotischen Suggestionen eventuell Schaden anrichten.Wegen dieses kleinen Risikos sollten Sie wirklich nur Hilfe für Ihre Depressionen bei einem Hypnotherapeuten suchen, der einen psychologischen Hintergrund hat und Ausbildung in klinischer Hypnose aufweist. Jemand, der zertifiziert ist zur Anwendung von Hypnose bei Sucht- oder Gewichtsproblemen, ist wahrscheinlich nicht die richtige Wahl. Hypnose kann eine sehr effektive Behandlung bei Depressionen sein, aber wie bei jeder Therapie sollte sie auch hier von jemand durchgeführt werden, der gut ausgebildet ist.

HYPNOTHERAPEUT ODER SELBSTHYPNOSE?

Die Entscheidung, ob man einen Hypnotherapeuten aufsuchen oder Selbsthypnose machen soll, kann eine schwierige sein und ist abhängig von der Krankheit, die man behandeln möchte. Für manche Beschwerden wie stressbedingte Krankheiten kann Selbsthypnose genauso effektiv sein wie der Termin bei einem Hypnotherapeuten, kann Ihnen aber eine Menge Geld sparen, denn Hypnosebehandlungen werden normalerweise von keiner Krankenkasse bezahlt. Für andere Krankheiten aber, besonders solche mit psychologischen Ursachen benötigt man wirklich einen erfahrenen Experten.

Um die beste Entscheidung zu treffen, ist es wichtig, dass Sie ehrlich zu sich selbst sind, was Ihre Fähigkeiten der Selbsthypnose betrifft. Wenn Sie Selbsthypnose erst lernen oder wenn Sie sie gar noch nie gemacht haben, dann sollten Sie besser wenigstens ein paar Sitzungen bei einem ausgebildeten Hypnotiseur buchen, um zu sehen, wie Sie auf Hypnose reagieren. Wenn die Behandlungen Wirkung zeigen, dann können Sie Selbsthypnose erlernen.

Täglich benutzen sie Millionen Menschen erfolgreich, um mit Angstzuständen, Gelüsten oder Stress zurecht zu kommen.

Manche New Age Hypnotiseure glauben, dass jede Hypnose Selbsthypnose ist, da die Suggestionen des Hypnotiseurs wirkungslos wären, wenn Ihr Geist nicht entspannt und aufnahmefähig wäre. Sie meinen, dass es die Aufgabe des Hypnotiseurs nur ist, Sie dabei zu assistieren, sich selbst zu hypnotisieren und zu heilen. Falls Sie sehr offen für Hypnose sind und sich selber in einen Zustand erhöhter Wahrnehmung und Konzentration bringen können, während Ihr Körper und Geist total entspannt ist, dann könnte Selbsthypnose sehr gut bei Ihnen funktionieren. Aber sie sollten wenigstens einmal einen Hypnotherapeuten in Anspruch nehmen, um zu sehen, wie Sie auf Hypnose reagieren.

Bei Hypnose ist wichtig, dass der Patient etwas ändern will. Wenn Sie ein Verhalten oder eine Beschwerde nicht wirklich ändern wollen, dann spielt es keine Rolle, ob Sie einen Hypnotherapeuten mit psychologischer Ausbildung, einen für Süchte zertifizierten New Age Hypnotiseur oder Selbsthypnose probieren. Erfolg und Scheitern hängen einzig und allein davon ab, ob Sie die Veränderung tief in Ihrem Innern wirklich wollen.

Wenn Sie unbedingt ein bestimmtes Verhalten ändern oder eine Krankheit bekämpfen wollen, dann werden Sie durch Hypnose einen Erfolg sehen. Wie viel Erfolg hängt ganz allein von Ihnen ab. Auch wenn Sie regelmäßig einen ausgebildeten Hypnotherapeuten nehmen, sollten Sie zusätzlich Selbsthypnose als Behandlung für zuhause in Betracht ziehen, um Erfolg und Fortschritte zu steigern.

ZEHN FRAGEN AN DEN HYPNOTHERAPEUTEN

Den richtigen Hypnotherapeuten zu finden, ist wie den richtigen Facharzt zu finden. Versuchen Sie, Empfehlungen zu bekommen, aber letztendlich müssen Sie einen Termin vereinbaren, sich mit ihm zusammensetzen und unterhalten, um herauszufinden, wie er ausgebildet ist und vorgeht, damit Sie sich wohl genug fühlen, um mit ihm zu arbeiten. Ein guter Hypnotherapeut wird Ihnen gerne alle Fragen beantworten. Lassen Sie sich immer einen Termin geben, so dass Sie immer seine volle Aufmerksamkeit haben.

Dieser Termin muss nicht lange dauern, aber lange genug, damit Sie ein Gefühl für die Persönlichkeit des Therapeuten sowie alle Fragen beantwortet bekommen. Bringen Sie einen Schreibblock und einen Kugelschreiber sowie diese Frageliste mit. Mit ihr finden Sie heraus, ob der Hypnotherapeut qualifiziert genug und vor allem für Ihre Beschwerden geeignet ist.

1. Wie lange praktizieren Sie schon?

Erfahrung gleicht nicht immer Weisheit aus, aber wenn Sie eine ernste Krankheit behandelt haben möchten, zahlt es sich aus, einen Hypnotherapeuten zu wählen,der von beidem eine Menge hat. Jemand, der noch ziemlich neu ist, kann einen guten Job machen, wenn Sie mit dem Rauchen aufhören wollen, aber wenn Sie versuchen, Ihr Unterbewusstsein umzuprogrammieren, um ein Kindheitstrauma zu heilen, Krebsschmerzen erträglicher zu machen oder Ihren Blutdruck zu senken, dann sollten Sie besser jemand nehmen, der schon eine Weile im Geschäft ist und auf dem jeweiligen Gebiet Erfahrung hat.Die meisten Mediziner, die Hypnose als Therapie unterstützen, sagen, wenn man mehr will als

Entspannung, Befreiung von schwachen Stresssymptomen oder Behandlung kleinerer Suchtprobleme, dann sollte sollte man einen Hypnotherapeuten nehmen, der mindestens drei Jahre Berufserfahrung hat. Drei bis fünf Jahre sind besser. Über fünf Jahre wäre das Beste, allerdings gilt, je mehr Berufserfahrung, desto höher auch die Kosten pro Sitzung.

2. Wo haben Sie studiert/Ihre Prüfung abgelegt und wie oft bilden Sie sich fort?

Nicht jeder Hypnotherapeut hat einen medizinischen oder psychologischen Abschluss von einer Universität. Manche haben nur Bescheinigungen, dass Sie Hypnose und Beratungen praktizieren dürfen, während andere Psychologie und ähnliche Fächer studiert haben. Sie müssen für sich entscheiden, welchen Ausbildungsgrad Ihr Hypnotherapeut haben soll. Bedenken Sie dabei, dass sich Ausbildung genauso preislich niederschlägt wie Berufserfahrung. Vergessen Sie aber nicht, dass Hypnotiseure mit psychotherapeutischer Ausbildung für schwere Krankheiten wie z.B. Essstörungen besser geeignet sind. Wenn Sie in Betracht ziehen, mit einem Hypnotherapeuten zu arbeiten, der nur ein Zertifikat hat, aber keinen Uni-Fachabschluss, dann fragen Sie genau nach, wie viel Ausbildung er hatte und wo sie durchgeführt wurde. Ein Hypnotherapeut sollte wenigstens teilweise eine klinische Ausbildung genossen haben. Hypnotherapeuten, die nur Onlinekurse absolviert haben, könnten für Ihr Problem nicht qualifiziert sein. Schreiben Sie sich die Ausbildungsstelle auf, so dass Sie zuhause überprüfen können, welchen Ruf sie hat.Berufliche Fortbildung ist ein anderer wichtiger Ausbildungsteil. Wie in jedem anderen medizinischen Fachgebiet sollte auch ein Hypnotherapeut jährlich Kurse und Seminare besuchen, um beruflich auf dem neuesten Stand zu sein.

3. Welche Erfahrung haben Sie mit Problemen?

Es ist nicht genug, nur einen Hypnotherapeuten mit ausreichend Ausbildung zu finden. Sie brauchen einen, der viel Erfahrung in Bezug auf Ihr spezielles Problem hat. Hier müssen Sie detailliert nachfragen. Fragen Sie nach Erfolgen, aber auch Misserfolgen, falls es welche gab. Herauszufinden, warum eine Behandlung bei manchen Patienten fehlgeschlagen ist, könnte Ihnen einen Hinweis geben, ob der Therapeut qualifiziert ist, Ihre Beschwerde oder Krankheit zu behandeln.

Manchmal ist es nicht einfach, über ein Problem mit einem Fremden zu sprechen, vor allem wenn es sich um ein Kindheitstrauma handelt. Aber was auch immer Sie dem Hypnotherapeuten erzählen, ist vertraulich und hilft beiden Seiten zu entscheiden, ob er die richtige Person ist, Sie zu behandeln. Sie müssen bei Ihrem Problem nicht zu sehr ins Detail gehen, sondern nur so viel, wie nötig ist, um eine Entscheidung treffen zu können.

4. Wie gehen Sie vor?

Der Therapeut erwartet sicherlich Fragen bezüglich seiner Ausbildung und Berufserfahrung, aber kaum diese. Bitten Sie ihn, exakt zu beschreiben, wie die Sitzung aussieht und wie er Ihr Problem anpacken will. Viele Therapeuten werden daraufhin nachfragen, welches Ihre speziellen Ziele sind, die Sie von der Behandlung erwarten. Wenn Sie das nicht gefragt werden, ist das ein Alarmzeichen, dass der Therapeut eventuell nicht erfahren genug ist, Sie zu behandeln. Eine führende Frage wie diese gibt Ihnen eine gute Möglichkeit zu beurteilen, wie gut der Therapeut die Führung übernimmt und den Prozess der Behandlung leitet. Wenn er nervös scheint oder nicht weiß, wie er auf die Frage reagieren soll, können Sie ziemlich sicher sein, dass er nicht weiß, was er tun soll, falls Ihre Behandlung nicht wie die von früher behandelten Patienten abläuft.

Eine herausfordernde Frage wie diese lässt Sie erkennen, wie der Therapeut auf Unerwartetes reagiert. Besonders wenn Sie wegen Beschwerden mit psychologischen Komponenten behandelt werden wollen, kann immer Unerwartetes auftreten; deshalb sollten Sie wissen, ob Ihr Therapeut in der Lage ist, mit unerwarteten Wendungen sanft und angemessen umzugehen.

5. Wie viele Sitzungen brauche ich?

Wundern Sie sich nicht, wenn der Therapeut sagt, dass Sie eventuell nur eine Sitzung brauchen, weil es gut möglich ist, dass Hypnose kleinere Probleme oder leichtere Süchte in einer Sitzung heilen kann. Aber wenn er sagt, dass Sie ganz bestimmt nur eine Session brauchen, sollten Sie vorsichtig werden. Kein Therapeut kann mit Sicherheit voraussagen, wie viele Termine Sie brauchen, ohne zuerst ausführlich mit Ihnen diskutiert zu haben, was Sie erreichen wollen und das Ausmaß des Problems diagnostiziert zu haben, Ein guter Therapeut kann abschätzen, wie viele Sitzungen nötig sind, damit Sie Resultate sehen oder bis Sie geheilt sind. Die Anzahl der Termine ist nur eine Schätzung, also erwarten Sie nicht, nach genau x Sitzungen geheilt zu sein, wenn Sie Ihr Budget planen. Man kann im Voraus niemals sicher wissen, wann die Hypnose zu wirken beginnt oder wann Ihre Beschwerden verschwunden sind. Viele Faktoren wie z.B., wie aufnahmefähig Sie für Hypnose sind, spielen eine Rolle und bestimmen die Anzahl der Termine.

6. Wie viel kostet es?

Nun kommen wir zum Finanziellen, aber machen Sie nicht den Fehler, die Kosten zum entscheidenden Faktor bei der Wahl Ihrer Behandlung zu machen. In der Regel bekommen Sie das, wofür Sie bezahlen. Es zahlt sich aus, mehr zu bezahlen, um eine Behandlung von einem gut ausgebildeten, erfahrenen Therapeuten zu bekommen. Hypnose ist praktisch narrensicher, aber Sie wollen auch nicht zu dem kleinen Prozentsatz von Leuten gehören, bei denen nach der Hypnosebehandlung alles noch schlimmer war. Regen Sie sich nicht auf, wenn der Therapeut einen Preis nennt, der Ihre Verhältnisse übersteigt, sondern schreiben Sie ihn auf, um später darüber nachzudenken, wie angemessen er ist. Wenn Sie nicht sicher sind, dass Sie sich das Honorar leisten können, fragen Sie, ob der Therapeut Ratenzahlung akzeptiert. Manche können Finanzierungen vermitteln.

Wenn die Kosten hoch sind, ziehen Sie auch in Betracht, dass Sie eventuell weniger Sitzungen brauchen, falls der Hypnotherapeut sehr gut ausgebildet und erfahren ist. Mit einem Therapeuten, der 200 € verlangt, können Sie billiger davon kommen, als bei einem, der nur 100 € kostet, aber doppelt so viele oder mehr Sitzungen benötigt. Die tatsächlichen Sitzungskosten hängen davon ab, wo Sie wohnen, wie viele Hypnotherapeuten es in der Gegend gibt und wie hoch die Nachfrage nach Hypnotherapie ist. Wenn der Therapeut einen Preis nennt, der sehr niedrig ist, kann das ein weiteres Warnsignal sein, das auf Mangel an Berufserfahrung hinweisen kann. Er sollte wissen, welches das übliche Honorar für Hypnotherapie in der betreffenden Gegend ist. Wenn sein Honorar deutlich unter dem Durchschnitt liegt, könnte das heißen, dass er gerade begonnen hat zu praktizieren, sich seiner Leistung nicht sicher ist oder nicht weiß, was üblicherweise für die Dienstleistung verlangt wird. Eine gute Faustregel ist, alles nicht in Betracht zu ziehen, was besonders billig oder besonders teuer ist.

7. Unterrichten Sie Selbsthypnose?

Dies ist eine sehr wichtige Frage, wenn Sie an Hypnose interessiert sind, um sich entweder zuhause zwischen zwei Sitzungen selbst zu hypnotisieren oder um

Hypnose auch dann noch zu nutzen, wenn Sie keine Termine mehr bei Ihrem Hypnotherapeuten brauchen. Da Ihr Therapeut je nach seiner Ausbildung seinen eigenen Behandlungsstil hat, ist es ratsam, da effektiver, auch bei der Selbsthypnose seinen Hypnosestil anzuwenden. Falls Ihr Therapeut seinen Stil nicht vermittelt, fragen Sie ihn, wen er empfehlen kann, der einen Selbsthypnose-Stil lehrt, der dem seinen ähnlich ist. Selbsthypnose ist bei manchen Problemen ein sehr wichtiger Teil der Hypnosebehandlung. Wenn Ihr Therapeut überhaupt nicht gewillt ist, Ihnen irgendwelche Selbsthypnose beizubringen, sollte Sie das auch vorsichtig stimmen. Dann könnten seine Methoden nicht effektiv sein oder unorthodox oder er versucht, Patienten zur Zahlung von Behandlungen zu bewegen unter dem Vorwand, dass die Behandlung sehr kompliziert sei, wo sie doch in Wirklichkeit relativ einfach ist und auch vom Patienten durchgeführt werden kann. Das Ziel der Hypnotherapie sollte immer sein, dass Sie gesund und funktionierend werden. Wenn der Therapeut mehr darauf aus zu sein scheint, Sie so lange wie möglich in Behandlung zu behalten, statt Sie gesund zu machen und den Alltag allein bewältigen zu können, dann will er wohl eher Ihr Geld als Ihnen helfen. Dies passiert nicht oft, aber hin und wieder gibt es skrupellose Hypnotherapeuten.

8. Welche Produkte verkaufen Sie?

Der Therapeut, den Sie wählen, sollte bereit sein, Ihnen einige Selbsthypnose-Techniken einzubringen, damit Sie es leichter haben, sich selbst zwischen Sitzungen und auch später zu behandeln. Aber nehmen Sie keinen Hypnotherapeuten, der viele eigene Produkte verkauft, weil er vielleicht eher am Verkauf interessiert ist als Patienten zu helfen. Wenn es ihm mehr darum geht, sich einen Namen zu machen als zu behandeln, streichen Sie ihn besser von der Liste. Aber verwechseln Sie das nicht mit einem Therapeuten, der einige hilfreiche Produkte verkauft. Manche bieten DVDs, CDs oder Bücher an, die seine Therapiemethoden und Hypnoseanleitungen dokumentieren. Diese können für Selbsthypnose sehr nützlich sein. Und weil sie von der Person stammen, bei der Sie in Behandlung sind, können Sie den Selbsthypnosestil lernen, der komplementär zu Ihrer Therapie ist. Der Verkauf von Produkten heißt nicht, dass der Therapeut automatisch disqualifiziert ist. Nutzen Sie

Ihr Urteilsvermögen, um seine Motive zu entziffern. Ein Therapeut, der ein paar selbst erstellte DVDs oder CDs verkauft, ist wahrscheinlich Patienten orientiert, aber einer, der eine Menge Hochglanz-Produkte anbietet oder ständig versucht, Ihnen mehr Produkte anzubieten, hat wohl eher ein kommerzielles Interesse, als dem Patienten bei seinem Problem zu helfen.

9. Wie hoch ist Ihre Erfolgsquote?

Sie sollten davon ausgehen, dass kein Therapeut eine 100%-ige Erfolgsquote hat. Aber Sie dürfen fragen, wie viele seiner behandelten Patienten im Durchschnitt entweder geheilt wurden oder lernten, mit ihren Beschwerden besser umzugehen. Ihnen geht es auch für Sie selber um Resultate, deshalb sollte der Therapeut kein Problem damit haben, wie seine Erfolgsquote normalerweise aussieht. Sie können nach Referenzen fragen. Manche Therapeuten haben eine Liste mit früheren Patienten, die zugestimmt haben, dass er sie als Erfolgsbeispiele nutzen darf. Wenn der Therapeut, den Sie interviewen aber solch eine Liste nicht hat, heißt das nicht, das er keine zufriedenen Patienten hat. Arztgeheimnis ist aus bei der Hypnotherapie sehr wichtig, besonders für Patienten mit psychischen Problemen, weshalb sie nicht möchten, dass ihre Namen weitergegeben werden. Falls Sie überhaupt keine Referenzen oder schlüssige Informationen über die Erfolgsrate in Erfahrung bringen können, können Sie immer noch im Internet schauen, ob es Portale gibt, wo bestimmte Therapeuten von Patienten beurteilt wurden.

10. Geben Sie den Patienten Hausaufgaben?

Das ist die letzte Frage, die Sie Ihrem potenziellen Hypnotherapeuten stellen sollten. Diese Hausaufgaben können darin bestehen, dass Sie über das betreffende Problem lesen sollen oder dass Sie Selbsthypnose Sitzungen durchführen, damit Sie weiter entspannen und die neuen Verhaltensmuster verstärken, die der Therapeut bei seinen Behandlungen begonnen hat. Sie könnten auch aus anderen Aktivitäten bestehen, um die Behandlung effektiver zu machen. Wenn Ihnen der Therapeut sagt, dass er immer Hausaufgaben an die Patienten erteilt und sie beispielhaft beschreibt, dann zeigt Ihnen dies, dass er die richtigen Prioritäten setzt. Damit bereitet er Sie darauf vor, später Ihr eigener

Hypnotherapeut zu werden. Selbsthypnose und andere Übungen sind Dinge, die Sie in Zukunft selbst tun können, nachdem Sie die formale Behandlung beendet haben, um sicherzustellen, dass Sie nicht in alte ungesunde Verhaltensmuster zurückfallen und die Beschwerden wieder zurückkehren.

Nicht alle Therapeuten glauben an Hausaufgaben, was nicht heißt, dass solche nicht berücksichtigt werden sollten. Aber wenn Sie die Wahl haben zwischen einem Therapeuten, der keine Hausaufgaben stellt und einem, der es tut, dann sollten Sie sich für letzteren entscheiden, weil dieser Sie unabhängig machen will und nicht abhängig von Behandlungen.

TIPPS EINEN HYPNOTHERAPEUTEN ZU FINDEN

Sie wissen nun, was Sie einen Hypnotherapeuten fragen sollten, bevor Sie Ihre Wahl treffen, aber wie können Sie solche überhaupt finden? Denn die Anwendung von Hypnose bei medizinischer und psychologischer Indikation ist noch relativ neu. Je nachdem, wo Sie leben, haben Sie es vielleicht schwer, einen qualifizierten Hypnotherapeuten zu finden, statt eines Show-Hypnotiseurs, der Ihnen nicht helfen kann.

Hier sind ein paar Tipps, wie Sie einen renommierten Hypnotherapeuten ausfindig machen können:

- Halten Sie Ausschau nach alternativen Praxen – Viele alternative Heilpraktiker schließen sich zusammen und bilden eine Gemeinschafts-Praxis. Schauen Sie im Telefonbuch oder in den Gelben Seiten danach.

- Fragen Sie Ihren Arzt – Immer mehr Ärzte wissen Hypnose als Behandlungsmethode zu schätzen. Ihr Hausarzt kann vielleicht einen einen qualifizierten Hypnotherapeuten empfehlen, der Erfahrung mit Patienten mit Ihrem Problem hat.

- Gehen Sie online – Es gibt Blogs und Foren zu jeder nur denkbaren Krankheit (geben Sie in Ihrer Suchmaschine einfach als Suchbegriff ein: „Ihre betreffende Krankheit + Blog"). Dort bekommen Sie leicht Antworten, wo Sie in Ihrer Gegend Hypnotherapeuten finden können.

- Fragen Sie Experten – Berufsverbände von Hypnotherapeuten haben komplette Listen aller zugelassenen Hypnotiseure. Sie können u.a. hier Informationen bekommen:

www.hypnoseverband.de

www.hypnose-verband.de

www.hypnoseverband.com

- Schwarze Bretter – Naturkostläden und Gesundheitsgeschäfte haben oft Schwarze Bretter, wo man Gesuche und Angebote aushängen kann. Dort können Sie gegebenenfalls auch Visitenkarten von Hypnotherapeuten finden.

- Rufen Sie Ihr örtliches Gesundheitsamt an – Auch hier sollten Sie einschlägige Informationen bekommen können.

WAS SIE VON EINER HYPNOTHERAPIE - SITZUNG ERWARTEN KÖNNEN

Hypnotherapie Sitzungen sind keine seltsamen New Age Rituale voller Kerzen und Yoga Kissen, egal was Sie im Fernsehen oder Kino gesehen haben. Die meisten Sitzungen sind eine Stunde lang, aber manche können auch nur 30 Minuten dauern, was abhängig ist, von der Tiefe der Hypnose.

Jeder Hypnotherapeut führt seine Sitzungen ein wenig anders, doch das können Sie im Allgemeinen erwarten:

Der Anfang – Die Sitzung beginnt damit, dass Sie sich zunächst mit dem Therapeuten ein wenig unterhalten, vielleicht bietet er Ihnen eine Tasse Tee an, um den Entspannungsprozess zu starten. Er wird auch etwas sanfte, entspannende Musik spielen und das Licht im Raum dimmen, was ebenfalls die Atmosphäre entspannt.

Die Hypnose-Einleitung – Wenn sich bei Ihnen ein gewisses Maß an Wohlbefinden und Entspannung eingestellt hat, beginnt der Hypnotherapeut, Sie in Hypnose zu versetzen. Normalerweise wird dabei eine von mehreren möglichen Techniken angewendet, die denjenigen einer Meditation ähneln. Oft werden Sie gebeten, sich vorzustellen, entweder fließendes Wasser über eine Brücke zu überqueren und in ein friedliches, ruhiges Feld zu gehen, oder eine Treppe hinabzusteigen. Der Therapeut kann dazu ein von ihm besprochenes Tonband bzw. eine CD benutzen.

Die Hypnose – Sobald der Therapeut das Gefühl hat, dass Sie in einem tiefen, entspannten hypnotischen Zustand sind, beginnt er, Ihnen hypnotische Suggestionen zu geben. Sie vermitteln Ihnen andere Verhaltensmuster, um negative Assoziationen aus Ihrem Gedächtnis auszulöschen bzw. zu ersetzen.

Dies ist der kritische Teil der Hypnose; er kann nur wenige Minuten dauern, aber auch eine halbe Stunde oder mehr.

Die Hypnose-Ausleitung – Nachdem der Therapeut die Suggestionen verabreicht hat, die notwendig sind, um Verhaltensmuster zu ändern, beginnt er, Sie allmählich aus der Hypnose zurückzuholen. Das geschieht immer sehr langsam, so dass Ihr Unterbewusstsein die Chance hat, die hypnotischen Suggestionen zu akzeptieren und damit sich Ihr Bewusstsein wieder daran gewöhnen kann, aktiv zu sein, statt zu ruhen.

Es kann nach der Hypnose ein paar Minuten dauern, bis Sie wieder zu vollem Bewusstsein gekommen sind. Oft erleben Patienten solch einen tiefen Zustand der Entspannung, dass sie zögern, wieder zu vollem Bewusstsein zu kommen, da sie die Entspannung so sehr genossen haben.

Sobald Sie wieder voll wach sind, fühlen Sie sich frisch und wie neu geboren. Sie waren während der Hypnose nie bewusstlos, Sie haben das Gefühl, dass Sie ein wunderbares Nickerchen gemacht haben. Und das ist alles, was Sie erwartet. Es ist einfach und leicht, und es gibt absolut nichts, das Sie fürchten müssen.

SELBSTHYPNOSE

Selbsthypnose kann entweder ein therapeutisches Mittel sein, das in Verbindung mit Hypnotherapie von einem ausgebildeten Therapeuten angewendet wird, oder sie kann gänzlich alleine durchgeführt werden. Mit Selbsthypnose können Sie viele gesundheitliche Beschwerden alleine behandeln. Sie können damit Verhaltensmuster ändern, Sucht durchbrechen, Stress abbauen und sich selbst verbessern. Selbsthypnose kann dazu beitragen, selbstbewusster zu werden, erfolgreicher zu sein, Kreativität zu steigern und allgemein ein reicheres, erfüllteres Leben zu führen.

Jedermann kann Selbsthypnose mit dem richtigen Training durchführen. Manche Menschen reagieren auf Selbsthypnose sogar besser als auf Hypnotherapeuten, weil es für Sie leichter ist, richtig zu entspannen, ihr Bewusstsein abzuschalten und dadurch Zugang zu ihrem Unterbewusstsein zu bekommen, wenn sie allein sind.

Der Grund dafür sind gewisse Vorbehalte, die diese Menschen haben, und sie befürchten, dass sie in Hypnose dem Hypnotiseur die völlige Kontrolle über sich geben und er sie etwas gegen ihren Willen tun lässt. Auch wenn sie eigentlich wissen, dass dies nicht geschehen kann, haben manche Menschen dennoch diese Furcht, die die traditionelle Hypnotherapie behindert. Für sie ist Selbsthypnose eine großartige Alternative.

Selbsthypnose ist auch ein gutes Werkzeug, wenn Sie viel reisen oder andere Verpflichtungen haben, die Sie davon abhalten, einen Hypnotherapeuten regelmäßig aufzusuchen. Wenn Sie Selbsthypnose beherrschen, dann können Sie auch Verbesserungen herbeiführen, die Sie mit gelegentlichen Sitzungen bei einem Therapeuten überprüfen lassen können. Nicht alle Beschwerden sind mit Selbsthypnose behandelbar, aber bei denen, die es sind, sind die Heilungsaussichten hoch.

Bei Krankheiten, die die komplette Neuprogrammierung der Art und Weise, wie Sie denken, erfordern wie z.B. Kindheitstraumata, ist Selbsthypnose nicht geeignet. Hier brauchen Sie unbedingt einen professionellen Therapeuten, der Ihnen mit NLP Hypnose aus der Krise hilft. Aber viele andere Störungen können Sie selbst mit Hypnose behandeln. Das Erlernen der dazu notwendigen Techniken ist nicht schwierig. Wenn Sie meditieren können, können Sie auch sich selbst hypnotisieren.

Menschen, die bereits regelmäßig meditieren, haben es am leichtesten. Wenn Sie noch nicht meditiert haben, aber an Selbsthypnose interessiert sind, dann ist es eine gute Idee, zunächst mit Meditieren zu beginnen, um sich auf Selbsthypnose vorzubereiten. Das Erlernen, wie man Körper und Geist entspannt, ist ein guter erster Schritt. Mit Selbsthypnose bringen Sie Körper und Geist in eine noch tiefere Entspannung, um dann schließlich dauerhafte Veränderungen in Ihrem Leben durchzuführen.

DIE 5 HÄUFIGSTEN SELBSTHYPNOSE-FEHLER VON ANFÄNGERN

Selbsthypnose lernen ist nicht so schwierig, aber es ist leicht für Anfänger, Fehler zu machen, bevor sie sich die häufigsten Techniken angeeignet haben, die am effektivsten für Selbsthypnose sind. Diese 5 Anfängerfehler sollten Sie vermeiden, um einen guten Start zu haben:

1. Nicht in der Lage sein, ausreichend zu entspannen– Der Versuch zu entspannen, sollte nicht in Arbeit ausarten, oder? Aber das kann er. Wann war das letzte Mal, dass Sie still saßen? Können Sie während einer ganzen Werbeunterbrechung im Fernsehen still sitzen oder stehen Sie immer auf und laufen herum oder holen sich einen Snack? Für einen hypnotischen Zustand sollten Sie in der Lage sein, Körper und Geist zu beruhigen. Regelmäßige Meditation hilft, die Konzentration zu erlangen, die für Selbstmeditation notwendig ist.

2. Nicht für Hypnose offen sein – Es ist eine Sache zu sagen, dass Sie Selbsthypnose oder Hypnose im Allgemeinen versuchen wollen. Es ist eine andere, es wirklich zu tun. Wenn Sie mit Selbsthypnose konfrontiert werden, sind viele Leute dazu nicht in der Lage, weil Sie unbewusst nicht glauben, dass sie hypnotisiert werden können oder sie wirklich nicht hypnotisiert werden wollen. Wenn Sie irgendwelche psychologischen Blockaden gegen Hypnose haben, müssen Sie diese erst überwinden, bevor sie wirken kann.

3. Nicht genug Vorbereitung – Im Gegensatz zu dem, was Sie bei Showhypnose sehen, braucht es bei echter Hypnose mehr als ein Schnippen mit den Fingern, um einen Hypnosezustand zu schaffen. Es braucht Zeit und Vorbereitung, Selbsthypnose als eine effektive Therapiemethode zu erlernen. Viele Menschen denken, sie können sie ohne oder mit wenig Vorbereitung praktizieren, und geben dann auf, wenn es nicht gleich funktioniert. Aber Selbsthypnose ist eine Kunst und wie jede andere Kunst bedarf sie der Übung, bevor sie gut gelingt.

4. Zu viel zu schnell erwarten– Selbsthypnose ist ein Werkzeug, aber es ist kein Wundermittel. In ein oder zwei Selbsthypnose-Sitzungen zu erwarten, dass Sie eine Sucht oder eine Krankheit loswerden, vor allem, wenn Sie ohne Erfahrung sind, bedeutet, dass Sie sich selbst dem Misserfolg und Scheitern aussetzen. Jedes Mal, wenn Sie einen neue Therapie ausprobieren, sei es, dass Sie es selbst tun oder ein Spezialist, dauert es eine gewisse Zeit, bis sich Resultate einstellen.

5. Ungenaues Formulieren Ihrer hypnotischen Suggestionen – Das ist der springende Punkt. Derjenige, der all Ihre Selbsthypnose Anstrengungen vernichten kann. Die hypnotischen Suggestionen, die Sie sich selbst während der Selbsthypnose eingeben, müssen in der richtigen Art und Weise erfolgen, andernfalls wirken sie nicht und nichts passiert. Wenn die hypnotischen Suggestionen falsch formuliert werden oder nicht genügend spezifische Befehle einschließen, könnte das bedeuten, dass Ihr Unterbewusstsein nicht die Signale bekommt, die es benötigt, um Ihre Verhaltensmuster zu ändern.

TIPPS UM HYPNOTISCHE SUGGESTIONEN ZU ERSTELLEN

Wenn Sie statt mit dem Bewusstsein mit dem Unterbewusstsein kommunizieren, ist die Art und Weise, wie Sie hypnotische Suggestionen formulieren, sehr entscheidend. Denn die Art und Weise, wie Ihr Unterbewusstsein Dinge verarbeitet, ist ganz anders von der des Bewusstseins. Wenn Sie beispielsweise durch Selbsthypnose mit dem Rauchen aufhören wollen, dann nehmen Sie logischerweise an, dass die hypnotische Suggestion lautet "ich werde nicht rauchen". Aber Sie werden feststellen, dass die Hypnose nicht wirkt. Warum? Weil Ihr Unterbewusstsein das Wort "nicht" ignoriert, so dass das Kommando für es lautet "ich werde rauchen", wodurch Sie immer noch rauchen, vielleicht sogar mehr denn je.

Hier ein paar Tipps, um die richtigen Suggestionen in Selbsthypnose zu erstellen:

- Vermeiden Sie das Wort "versuchen", weil es Scheitern impliziert. „Ich versuche, mit dem Rauchen aufzuhören" wird vom Unterbewusstsein so interpretiert, dass Sie es versucht haben, aber gescheitert sind. Für die erfolgreiche Anwendung von Selbsthypnose müssen Sie sich aber auf Erfolg programmieren, nicht auf Misserfolg.

- Verwenden Sie nicht "werden", außer in Verbindung mit einem bestimmten Datum. Wenn Sie sagen „Ich werde abnehmen", geben Sie Ihrem Unterbewusstsein damit zu verstehen, dass Sie das in der Zukunft machen möchten. Mit Ausnahme von z.B. "ich werde nächsten Dienstag abnehmen" weiß Ihr Unterbewusstsein nicht, wann in der Zukunft die Änderung Ihres Verhaltensmusters stattfindet und wird daher nie stattfinden.

- Verwenden Sie keine Formulierungen mit "aufgeben" oder "ohne", wie etwa "Ich gebe Alkohol auf". Das impliziert eine Art von Bestrafung oder Mangel und signalisiert im Grunde Ihrem Unterbewusstsein, dass Sie bestraft werden, was sicherlich die falsche Botschaft ist.

- Keine Formulierungen unter Verwendungen von "Ich muss". Experten haben herausgefunden, dass Patienten, die hypnotische Suggestionen wie z.B. "Ich muss aufhören zu trinken" sie ängstlich und reizbar macht,was sie schlechter auf Suggestionen ansprechen lässt.

GRUNDTECHNIKEN DER SELBSTHYPNOSE

Ihr Hypnotherapeut kann Ihnen die Art der Selbsthypnose Techniken beibringen, die am besten zu der Therapie passen, die Sie von ihm erhalten, aber es gibt ein paar gute allgemeine Grundtechniken, die häufig von Anwendern der Selbsthypnose benutzt werden, um sich zu verbessern oder zu entspannen. Es gibt noch viele weitere Selbsthypnose-Techniken, die Sie kostenlos im Internet lernen können, aber dies sind die zwei häufigsten:

Die Treppe

Um diese Technik zu nutzen, müssen Sie zu einfachen Visualisierungen in der Lage sein, daher hilft es, wenn Sie bereits Meditationen gemacht haben oder wenigstens mit der Technik ein wenig vertraut sind. Sobald Sie für längere Zeit still in entspannter Position sitzen und einfache Dinge visualisieren können, sind Sie für diese Technik bereit. Manchmal hilft es, Musik zu hören, um Ihrem Bewusstsein etwas zu geben, auf das es sich konzentrieren kann. Sie beginnen nun damit, dass Sie sich oben auf einer größeren Treppe stehen sehen. Diese hat normalerweise 10-12 Stufen. Die Treppe sollte sicher und komfortabel aussehen, nicht dunkel und beängstigend. Die Stufen sollten breit und stabil sein und leicht begehbar aussehen. Am Ende der Treppe erkennen Sie eine große Tür, eine schwere Tür. Das ist die Tür zu Ihrem Unterbewusstsein. Sie stellen sich nun vor, wie Sie die Treppe langsam heruntersteigen und dabei mit jedem Schritt entspannter werden. Falls Sie eine CD oder DVD Ihres Hypnotherapeuten oder gar von sich selber haben, die Sie beim Abstieg begleitet, hilft das sehr zu visualisieren, wie Sie die Treppe hinunter gehen.Wenn Sie die letzten fünf Stufen erreichen, sollten Sie in einem guten prähypnotischen Zustand sein. Visualisieren Sie nun, dass Sie diese letzten fünf Stufen sehr langsam runtergehen und dabei mit jedem Schritt in einen noch tieferen Zustand der Entspannung geraten. Unten angekommen, sehen Sie sich, wie Sie gegen die Tür drücken und feststellen, dass sie nicht verschlossen ist,

sondern leicht aufgeht. Schließlich gehen Sie durch.

In diesem Moment sollten in einem festen hypnotischen Zustand sein und Ihr Unterbewusstsein sollte bereit sein für die hypnotische Suggestion, die Sie vorbereitet haben. Stellen Sie sicher, dass diese wie im vorherigen Kapitel angegeben richtig formuliert ist.

Um sich wieder aus dem hypnotischen Zustand zurückzuholen, müssen Sie visualisieren, wie Sie wieder durch die Tür und die Stufen langsam, eine nach der anderen hoch gehen. Mit jedem Schritt erwacht Ihr Bewusstsein ein bisschen mehr, bis Sie wieder ganz oben stehen. Dort angekommen sollten Sie vollkommen erwacht sein und sich fühlen, als ob Sie gerade einen guten Schlaf gehabt hätten.

Die Brücke

Die Brücke ist die andere häufig genutzte Selbsthypnose-Technik. Eine Version dieser Visualisierung wird auch bei Meditationen benutzt. Manche Menschen finden die Vorstellung der Brücke weniger bedrohlich und weniger beängstigend, als das Hinuntersteigen einer Treppe. Außerdem gibt das Bild, das bei der Brücke visualisiert wird, einen zusätzlichen Entspannungsschub, was Sie noch mehr empfänglich für hypnotische Suggestionen macht.

Sie beginnen diese Methode, indem Sie sich zunächst neben einem Strom, also einem großen Fluss im Wald stehen sehen. Konzentrieren Sie sich auf die Szene, bis Sie die Details klar erkennen können. Das Wasser sollte ruhig und sanft fließen, so dass Sie sich friedvoll und entspannt fühlen, wenn Sie es betrachten. Wie viele Details sehen Sie? Denken Sie an sie, wie wenn Sie ein Foto betrachten. Erkennen Sie das Ufer, die Steine am Ufer, die Bäume und Blätter, die Farbe der Erde, das Sonnenlicht, wie es im Wasser glitzert...

Je mehr Einzelheiten Sie in Ihrer Vorstellung erzeugen, desto tiefer entspannen Sie und desto offener werden Sie für Hypnose. In der Mitte Ihres Stromes ist eine Brücke. Sie kann aussehen, wie Sie es wünschen, aber sie sollte groß und fest sein, nicht beängstigend und gefährlich. Sehen Sie sich nun vor der Brücke stehen, nehmen Sie ein paar tiefe Atemzüge und fühlen Sie, wie Sie entspannen.

Versuchen Sie die Geräusche des Wassers und der Luft um Sie herum wahrzunehmen. Schauen Sie nun langsam auf und blicken Sie über die Brücke, wo am Ende ein warmes, einladend aussehendes, sonniges Feld liegt. Beginnen Sie, langsam über die Brücke zu gehen.

Wenn Sie in der Mitte der Brücke sind, bleiben Sie stehen und schauen über das Geländer ins Wasser. Strecken Sie Ihre Hände vor sich aus und stellen Sie sich einen dunklen Lichtball vor, der all Ihr Negatives, all Ihre Traurigkeit, all ihren Stress enthält. Wenn Sie auf den dunklen Ball starren, legen Sie all Ihre negative Energie des Tages in den Ball. Laden Sie darin Dinge ab wie den schlechten Arbeitstag, den Ärger mit dem Partner und all die anderen Dinge, die Sie ärgern und aufregen.

Nachdem Sie alle negativen Emotionen in den dunklen Lichtball gelegt haben, fühlen Sie, wie schwer er in Ihren Händen ist. Dann beugen Sie sich vor und lassen ihn ins Wasser fallen. Beobachten Sie, wie er ins Wasser fällt und davon treibt, alles Negative mit sich nehmend. Sie sollten sich nun glücklicher, leichter und entspannter fühlen. Danach laufen Sie weiter über die Brücke in das sonnige Feld.

Sie betreten das sonnige Feld und visualisieren, wie Sie jegliche Negativität und schlechten Gefühle haben gehen lassen. Sie fielen ins Wasser und wurden weggespült. Sie sollten nichts als Freude empfinden, wenn Sie das Feld betreten. Fühlen Sie die Wärme der Sonne im Gesicht und genießen Sie die Farben des Grases und der Blumen.

Sobald Sie das Feld, das Ihr Unterbewusstsein repräsentiert, betreten, sollten Sie völlig entspannt und in einem tiefen hypnotischen Zustand sein, so dass jede hypnotische Suggestion, die Sie sich eingeben, direkt in Ihr Unterbewusstsein gelangt.

Um aus der Hypnose zurückzukommen, müssen Sie nur langsam über die Brücke zurückgehen und sich dorthin zurückbringen, wo Ihr Bewusstsein wach und aufmerksam ist. Sie sollten sich erfrischt und gestärkt vorkommen, wie wenn Sie gerade ein Schläfchen in der Sommersonne gemacht hätten.

TIPPS ZUR SELBSTHYPNOSE

Zu lernen, wie man Selbsthypnose richtig anwendet und welche Techniken am besten funktionieren und welche überhaupt nicht, ist ein Prozess, der einige Zeit dauert. Hier sind einige Tipps, die helfen, schneller auf den Punkt zu kommen:

- Lernen Sie meditieren – Das Erlernen der Meditation gibt Ihnen die physische Voraussetzung, still zu sitzen und zu entspannen. Meditation ist auch eine gute Möglichkeit zu lernen, Ihren Geist zu beruhigen und Körper und Geist zu entspannen, um sich auf den meditativen Zustand vorzubereiten, den Sie für Hypnose brauchen.

- Nehmen Sie eine CD auf – Auch wenn Sie keine fertige Hypnose-CD kaufen und es selbst machen möchten, sollten Sie dennoch eine CD oder MP3 für die Hypnose benutzen, um Sie durch die einzelnen Schritte der Entspannung zu führen. Mit einem billigen Mikrofon können Sie sich selbst auf Computer aufnehmen, wenn Sie eine der Hypnose-Techniken besprechen und das Ganze dann abspielen, wenn Sie Selbsthypnose durchführen.

- Probieren Sie verschiedene Techniken – Nicht jede Selbsthypnose-Technik funktioniert bei jeder Person. Versuchen Sie verschiedene, bis Sie diejenige finden, die Sie in einen tiefen hypnotischen Zustand versetzt, und benutzen Sie sie dann immer.

- Führen Sie Ihre Hypnose an einem ruhigen Ort aus – Sie brauchen ungefähr eine Stunde lang Ruhe und Frieden für Ihre Selbsthypnose-Sitzung.

Warten Sie also, bis der Rest der Familie aus dem Haus oder im Bett ist.

ANDERE HYPNOTISIEREN

Sobald Sie die Grundzüge der gängigsten Selbsthypnose-Techniken beherrschen, können Sie versuchen, andere zu hypnotisieren. Sie und Ihre Freunde haben vielleicht mehr Erfolg mit Hypnose, wenn Sie sich gegenseitig hypnotisieren, statt Selbsthypnose durchzuführen. Viele Menschen finden leichter den Zustand der Tiefenentspannung, wenn Sie jemand anders durch die Entspannung spricht, als wenn sie es selbst versuchen.

Wenn Sie andere hypnotisieren, müssen Sie mehr tun, als nur den Hypnosetext herunterzulesen. Der Ton und Stimmlage sind sehr wichtig. Sie können auch im Internet Tipps finden, wie man einen Hypnosetext so liest, dass er zu größtmöglicher Entspannung führt. Stellen Sie sicher, dass Sie stets langsam lesen und dass Sie Ihre Stimme gesenkt und gleichmäßig halten und dass Sie nicht zu viel Emotion in die Lesung legen. Lesen Sie den Text nicht, als ob Sie eine Unterhaltung führen, weil Sie der Person ja helfen sollen zu entspannen, nicht, Sie zu einem Schwätzchen mit Ihnen einzuladen.

Wenn Sie andere hypnotisieren, müssen Sie sehr vorsichtig sein mit den hypnotischen Suggestionen, die Sie in deren Unterbewusstsein pflanzen. Wenn irgendwie möglich, sollten Sie diejenigen verwenden, die Ihre Patienten selbst vorbereitet haben. Helfen Sie Ihnen aber, die Suggestionen richtig zu formulieren, damit sie effektiv und nicht schädlich sind. Ihre eigenen hypnotischen

Suggestionen aus dem Stegreif zu machen, ist nicht zu empfehlen. Die gewünschten Formulierungen sollten schriftlich festgehalten und zuvor abgestimmt worden sein. Das alles macht es erheblich leichter, langfristig Probleme mit Ihren Freunden zu vermeiden.

Wenn Sie meinen, dass Sie ein natürliches Talent haben, andere zu hypnotisieren, dann ziehen Sie vielleicht in Betracht, Hypnotherapeut zu werden. Zwar haben manche Therapeuten einen medizinischen oder psychologischen Hintergrund, aber das ist nicht unbedingt notwendig. Es gibt Einschränkungen, was Sie behandeln dürfen, wenn Sie diese Ausbildungen nicht haben, aber dennoch können Sie sich eine solide Karriere als Hypnotherapeut aufbauen und anderen Menschen helfen.

Bei dem heutigen Zustand der Wirtschaft ist eine Karriere im medizinischen oder alternativ-medizinischen Bereich für viele Menschen recht attraktiv. Arbeitsmarkt-Experten glauben, dass der Gesundheitsbereich ziemlich Rezessions- sicher ist. Die Menschen brauchen immer Gesundheitsfürsorge, deshalb haben Berufe in diesem Bereich eine gewisse Jobgarantie, unabhängig von dem Auf und Ab der Finanzmärkte und anderer Wirtschaftsbereiche.

Wenn Sie also herausgefunden haben, dass Sie recht gut im Hypnotisieren sind und es Ihnen Spaß macht, Menschen zu helfen, ihr Leben zu ändern, dann ist der Beruf des Hypnotherapeuten vielleicht genau das Richtige für Sie.

HYPNOTHERAPEUT WERDEN

Als Hypnotherapeut haben Sie die Fähigkeit, die Verhaltensmuster von Menschen durch hypnotische Suggestionen, die Sie in dessen Unterbewusstsein

setzen, zu ändern. Das ist eine große Aufgabe. Hypnotherapeut zu werden, ist nichts, das man aus einer Laune heraus tut. Es erfordert ernsthaftes Engagement und eine Menge Ausbildung, bevor Sie geprüfter, anerkannter Hypnotherapeut sind.

Hypnotherapeuten, die hochqualifiziert und erfahren sind, können über 100.000 € im Jahr verdienen. Wenn also Hypnotherapie etwas ist, das Sie interessiert und für das Sie Talent haben, könnte es ein lukrativer Beruf sein, aber auch ein sehr befriedigender. Um ein beglaubigter Hypnotherapeut zu werden, müssen Sie eine Prüfung ablegen bezüglich Ihres Wissens über die verschiedenen

Hypnose-Techniken und Ihres Know-hows über die Formulierung wirksamer hypnotischer Suggestionen.

Hier finden Sie eine umfangreiche, bundesweite, nach Postleitzahlen sortierte Liste mit Instituten für die Aus- und Weiterbildung und Informationen über die

Aus- und Weiterbildungsinhalte und -möglichkeiten:

www.therapie.de/psyche/info/ausbildung/adressen-und-links/hypnosetherapie/

Teilweise gibt es auch eine Ausbildung übers Internet; stellen Sie aber sicher, dass das Institut akkreditiert ist und die Prüfungen anerkannt werden.

Um klinischer Hypnotherapeut zu werden, werden höhere Anforderungen gestellt, wie zusätzliche Unterrichtsstunden und Sammlung praktischer Erfahrungen in einem Krankenhaus.

Wie Sie an den Anforderungen sehen, ist es nicht einfach, ein Hypnotherapeut zu werden, aber wenn Sie diesen Berufsweg einschlagen und einen messbaren Einfluss auf das Leben von Menschen nehmen wollen, dann ist es vielleicht genau das Richtige für Sie. Auch wenn Sie viel Geld investieren müssen, um von Ihrem jetzigen Beruf auf Hypnotherapeut umzuschulen, können Sie doch letztendlich viel Geld verdienen; es ist also eine Investition für die Zukunft wie jede Ausbildung.

NACHWORT

Hypnose ist in den vergangenen 50 Jahren immer populärer geworden. Sie wird nun nicht mehr als Zaubertrick Show gesehen, sondern man hat Ihre

medizinischen Vorteile erkannt. Viele körperliche Probleme, die psychologische Verbindungen haben, können geheilt oder zumindest erträglich gemacht werden. Nachdem die westliche Schulmedizin die der östlichen Medizin schon lange bekannte Idee aufgriff, dass Körper und Geist in Verbindung zueinander stehen, haben westliche Ärzte auch Hypnose als effektive Behandlungsmethode erkannt.

Hypnose kann vieles heilen oder lindern, von der Sucht zu rauchen über Geburtswehen bis zu den unangenehmen Seiten der Chemotherapie. Sie kann sogar Schmerzen bei Operationen oder Suchtbehandlungen kontrollieren.

Hypnose findet Verwendung bei psychischen Beschwerden wie Depressionen und kann Erleichterung bei Angstzuständen liefern. Sie kann Kindheitstrauma ebenso heilen wie ungesunde Verhaltensmuster, die Sie sich als Kind angeeignet haben, um in weniger idealen Lebensumständen zu überleben. Hypnose kann der Schlüssel sein, im Leben vorwärts zu kommen und ein gesundes Dasein zu führen.

Viele Menschen nutzen Selbsthypnose, um andere Behandlungen zu unterstützen und Ihr Alltagsleben zu verbessern. Wenn Sie richtig angewendet wird, werden Sie mit ihr selbstbewusster, in der Öffentlichkeit zu sprechen sowie bessere Entscheidungen zu treffen. Nicht zuletzt ist sie auch unendlich hilfreich gegen den Stress eines hektischen Lebensstils.

Da Sie jetzt alle Vorteile kennen, die Hypnose und Selbsthypnose beinhalten, sind Sie bereit, sie zu versuchen? Sie können beginnen, sich zu ändern, Ihr Leben zu ändern, ein besseres Morgen zu schaffen!

Viel Glück, wenn Sie durch Hypnose zu besserer Gesundheit aufbrechen!

M.C. John ist praktizierender Magier und gibt als Buchautor sein Wissen weiter um ein Verständnis in der breiten Öffentlichkeit für Magie und Hypnose zu wecken.

Weitere Bücher:
Wünsche erfüllen mit Sigillenmagie (E-book)

So werden Deine Wünsche wahr
M.C. John
ISBN-13: 9783749446223
Verlag: Books on Demand
Erscheinungsdatum: 26.03.2019

Wunscherfüllung mit Sigillenmagie
Ein Praxisbuch der Sigillenmagie mit zahlreichen fertigen Sigillen
Werner Marko
Paperback,100 Seiten
ISBN-13: 9783839190364
Verlag: Books on Demand
Erscheinungsdatum: 02.08.2018

Mehr Bücher unter:

https://wbe-edition.blogspot.com